W0074536

Möchten Sie diese Interpretationshilfe lieber am PC oder
auf dem Smartphone nutzen? Über folgenden Zugangscode
können Sie die digitale Version dieses Bandes freischalten.

WWW.LEKTUEREN-VERSTEHEN.DE

Ihr persönlicher E-Book-Code:

7083-5-CXWZWTPH

Alle weiteren Infos finden Sie unter:
www.verlag.de/E-Book

KÖNIGS ERLÄUTERUNGEN

BAND 329

Textanalyse und Interpretation zu

Robert Seethaler

DER TRAFIKANT

Arnd Nadolny

Alle erforderlichen Infos für Abitur, Matura, Klausur und Referat
plus Musteraufgaben mit Lösungsansätzen

Zitierte Ausgabe:
Seethaler, Robert: *Der Trafikant*. Roman. Ulm: Kein & Aber Pocket, 42. Auflage 2021.

Über den Autor dieser Erläuterung:
Arnd Nadolny wurde 1961 in Braunschweig geboren. Er ist verheiratet, hat einen Sohn und ist seit einigen Jahren als Schulbuchautor für verschiedene Verlage tätig. Er ist Lehrer (Studienrat) an den Berufsbildenden Schulen in Burgdorf bei Hannover und unterrichtet die Fächer Deutsch, Englisch und Wirtschaft.

1. Auflage 2022
ISBN: 978-3-8044-2083-0
PDF: 978-3-8044-6083-6, EPUB: 978-3-8044-7083-5
© 2022 by Bange Verlag GmbH, 96142 Hollfeld
Alle Rechte vorbehalten!
Titelabbildung: Filmszene aus *Der Trafikant* von Nikolaus Leytner (2017).
© picture alliance / HERBERT PFARRHOFER / APA / picturedesk.com |
HERBERT PFARRHOFER
Druck und Weiterverarbeitung: Plump Druck & Medien GmbH, Rheinbreitbach

1	DAS WICHTIGSTE AUF EINEN BLICK – SCHNELLÜBERSICHT	6

2	ROBERT SEETHALER: LEBEN UND WERK	9

2.1 Biografie — 9

2.2 Zeitgeschichtlicher Hintergrund — 11
- Aufstieg des Nationalsozialismus in Österreich — 11
- Wichtige politische Ereignisse in Österreich im Überblick (1933–1938) — 15
- Sigmund Freud und die Psychoanalyse — 16
- Kurzbiografie von Sigmund Freud — 19

2.3 Angaben und Erläuterungen zu wesentlichen Werken — 21

3	TEXTANALYSE UND -INTERPRETATION	25

3.1 Entstehung und Quellen — 25

3.2 Inhaltsangabe — 27

3.3 Aufbau — 39
- Chronologie der Handlung — 44

3.4 Personenkonstellation und Charakteristiken   46

   Franz Huchel   47

     Franz und seine Mutter   49

     Franz und Sigmund Freud   49

     Franz und Anezka   51

     Franz und Otto Trsnjek   52

   Otto Trsnjek   54

   Sigmund Freud   57

   Anezka   59

   Franz Huchels Mutter   61

   Nebenfiguren in *Der Trafikant*   63

3.5 Sachliche und sprachliche Erläuterungen   67

3.6 Stil und Sprache   73

   Motive, Bilder und Symbole   77

3.7 Interpretationsansätze   83

   Der Trafikant als Adoleszenzroman   83

   Franz Huchel und die Liebe   84

   Traumzettel und Traumdeutung   89

3.8 Schlüsselstellenanalysen   92

4 REZEPTIONSGESCHICHTE   105

5 MATERIALIEN 109

Äußerungen von Robert Seethaler _____ 109

6 PRÜFUNGSAUFGABEN MIT MUSTERLÖSUNGEN 112

LERNSKIZZEN UND SCHAUBILDER 121

LITERATUR 128

1 DAS WICHTIGSTE AUF EINEN BLICK – SCHNELLÜBERSICHT

Damit sich alle Leser:innen in unserem Band rasch zurechtfinden und das für sie Interessante gleich entdecken, hier eine Übersicht.

Im 2. Kapitel beschreiben wir **Robert Seethalers Leben** und stellen den **zeitgeschichtlichen Hintergrund** dar.

S. 9 ff.
- Robert Seethaler, am **7. August 1966** in Wien geboren, ist ein vielfach ausgezeichneter Schriftsteller, Drehbuchautor und Schauspieler. Er lebt in Wien und Berlin.

S. 11 ff.
- Der Roman *Der Trafikant* (2012) spielt vor dem Hintergrund des **aufkommenden Nationalsozialismus** in Österreich 1937/1938.

Im 3. Kapitel bieten wir eine Textanalyse und -interpretation.

Der Trafikant – Entstehung und Quellen

S. 25 ff.
- Seethaler wollte **über Sigmund Freud** schreiben und zeigt ihn nun durch die Augen von Franz Huchel im Jahr 1937/1938.
- *Der Trafikant* ist am 30. August 2012 im Verlag Kein & Aber, Zürich, erschienen.

Inhalt:

S. 27 ff.
Österreich im Spätsommer 1937: Der 17-jährige Franz Huchel wird von seiner Mutter aus dem Salzkammergut nach Wien geschickt, um dort als Lehrling von Otto Trsnjek in einer Trafik – einem Tabak- und Zeitungsgeschäft – zu arbeiten. Dort begegnet er Professor Sigmund Freud und es entwickelt sich eine ungewöhnliche Freundschaft zwischen beiden. Als sich Franz kurz darauf in die Varietétänzerin Anezka verliebt, die seine Liebe nicht

erwidert, sucht er bei Professor Freud Rat. Engen brieflichen Kontakt hält Franz auch mit seiner Mutter in Nußdorf. Ohnmächtig fühlen sich die Protagonisten im Roman angesichts der sich dramatisch zuspitzenden politisch-gesellschaftlichen Verhältnisse im nationalsozialistischen Österreich 1938: Otto Trsnjek wird von der Gestapo verhaftet und stirbt. Der Jude Freud flüchtet mit seiner Familie aus Wien. Franz Huchel wird am 7. Juni 1938 von der Gestapo verhaftet. Anezka kommt am 12. März 1945, kurz vor der Bombardierung Wiens, nochmals zur Trafik.

Aufbau, Chronologie und Schauplätze:

Der Roman setzt an einem Sonntag im Spätsommer 1937 in Nußdorf (Salzkammergut) ein und erzählt **weitgehend chronologisch** die Geschichte bis zu Franz' Verhaftung am 7. Juni 1938 durch die Gestapo in Wien. Schauplätze sind das Salzkammergut (Nußdorf am Attersee) und Wien. Ein Zeitsprung zum 12. März 1945 zeigt Anezka vor der Trafik in Wien.

S. 39 ff.

Personen:

Franz Huchel:

- geboren am 7. August 1920
- naiv in seiner Offenheit, jedoch nicht dumm
- freundet sich mit dem jüdischen Professor Sigmund Freud an
- verliebt sich unglücklich in die Böhmin Anezka
- wird 1938 von der Gestapo verhaftet und verschwindet

S. 47 ff.

Otto Trsnjek:

- Trafikant, politisch interessiert, steht zu seiner Meinung
- wird von der Gestapo verhaftet und stirbt am 14. Mai 1938

S. 54 ff.

Sigmund Freud:

- Jude und berühmter Psychoanalytiker
- Kunde in Otto Trsnjeks Trafik
- emigriert nach London

S. 57 ff.

S. 59 ff. **Anezka:**

- 20-jährige Böhmin, Tänzerin im Nachtlokal „Die Grotte"
- wechselnde Liebschaften, u. a. auch mit Franz Huchel
- ist im Leben auf eigenen Vorteil bedacht
- Nazi-Bekanntschaft, um sich zu retten

S. 61 ff. **Franz Huchels Mutter:**

- alleinerziehend
- schickt Franz nach Wien, als ihr Gönner Preininger stirbt
- pflegt brieflich Kontakt mit Franz

S. 63 ff. Auch auf die **Nebenfiguren** im Roman gehen wir ein.

Stil und Sprache

S. 67 ff. Robert Seethalers **österreichisch gefärbte Sprache** ist reich an Metaphern. Er verwendet einen humoristischen, lakonischen Erzählstil mit ironischen Tönen. Die Erzählperspektive ist wechselnd, jedoch hauptsächlich aus der Sicht von Franz Huchel in der dritten Person.

Interpretationsansätze

Der Trafikant ist ein historischer Roman über das Erwachsenwerden (Coming-of-Age-Geschichte) im aufkommenden Nationalsozialismus 1937/1938 in Österreich. Auf folgende Themen gehen wir näher ein:

S. 83 f. - *Der Trafikant* als Adoleszenzroman
S. 84 ff. - Franz Huchel und die Liebe
S. 89 ff. - Traumzettel und Traumdeutung.

2.1 Biografie

Jahr	Ort	Ereignis	Alter
1966	Wien/Österreich	Robert Seethaler wird am 7. August in Wien geboren. Er stammt aus einer Arbeiterfamilie und wächst in Favoriten, 10. Bezirk, auf.	
	Wien	Besuch der Grundschule für Sehbehinderte aufgrund eines angeborenen Augenfehlers (17 Dioptrien). Mit 15 Jahren verlässt Seethaler die Schule.	
90er-Jahre	Wien Stuttgart, Hamburg, Berlin	Ausbildung an der Schauspielschule des Wiener Volkstheaters. Anschließend Engagements an diversen Theatern in Deutschland.	24–
Seit 2003	Wien/Berlin	Seethaler verdient seinen Lebensunterhalt als Journalist, Drehbuchautor und Schauspieler in Kinofilmen und im Fernsehen. Einem größeren Publikum wird er u. a. als „Dr. Kneissler" (2002–2006) in der Serie *Ein starkes Team* bekannt. Er lebt in Wien und Berlin.	37
2005	München	Verleihung des Tankred-Dorst-Drehbuchpreises der Drehbuchwerkstatt München für den Film *Heartbreakin'*.	39
2006	Wien/Berlin	Seethaler holt das Abitur nach, beginnt ein Studium der Psychologie an der Universität in Potsdam, das er später wieder abbricht. Sein Debüt-Roman *Die Biene und der Kurt*, für den Seethaler 2007 den Debütpreis des Buddenbrookhauses erhält, erscheint.	40
2008	Wien/Berlin	Veröffentlichung des zweiten Romans *Die weiteren Aussichten*. Verleihung des Kulturpreises des Landes Niederösterreich und des Alfred-Döblin-Stipendiums der Akademie der Künste in Berlin.	42

Robert Seethaler
(* 1966)
© picture alliance /
SvenSimon |
Elmar Kremser/
SVEN SIMON

2.1 Biografie

Jahr	Ort	Ereignis	Alter
2009	Wien/Berlin	Spreewald Literaturstipendium. Grimme-Preis in der Kategorie „Bester Film" für Seethalers Drehbuch zu dem Film: *Die zweite Frau*. Geburt seines Sohnes Leo.	43
2010	Wien/Berlin	Veröffentlichung des Romans *Jetzt wirds ernst*.	44
2011	Wien/Berlin	Staatsstipendium der österreichischen Bundesregierung und Stipendium des Heinrich-Heine-Hauses der Stadt Lüneburg.	45
2012	Wien/Berlin	**Der Trafikant wird im Verlag Kein & Aber, Zürich, veröffentlicht.**	46
2014	Wien/Berlin	Der Roman *Ein ganzes Leben* erscheint im Hanser Verlag Berlin. Die Hörbücher **Der Trafikant** und *Nils Holgerson* von Selma Lagerlöff, gelesen von Robert Seethaler, werden veröffentlicht.	48
2015	Gelnhausen	2015 erhält Seethaler für *Ein ganzes Leben* den Grimmelshausen-Preis.	49
2016	London Wien	*Ein ganzes Leben* wird für den renommierten *Man Booker International Prize* nominiert. Buchpreis der Wiener Wirtschaft.	50
2018	Wien/Berlin Österreich/Deutschland	Der Roman *Das Feld* erscheint im Hanser Verlag Berlin. **Verfilmung des Romans Der Trafikant unter der Regie von Nikolaus Leytner mit Simon Morzé und Bruno Ganz. Autor Seethaler ist als Gestapo-Mann ebenfalls im Film zu sehen.**	52
2020	Berlin	Der Roman *Der letzte Satz* erscheint im Hanser Verlag Berlin.	54
2022	Tirol, Bayern, Südtirol	Verfilmung des Romans *Ein ganzes Leben* unter der Regie von Hans Steinbichler.	56

2.2 Zeitgeschichtlicher Hintergrund

Zusammenfassung

Robert Seethalers Roman *Der Trafikant* spielt 1937/1938 vor dem historischen Hintergrund des Austrofaschismus und eines zunehmenden nationalsozialistischen Zeitgeistes in Österreich, der sowohl zu individuellen als auch zu gesellschaftlichen Veränderungen führt. Exemplarisch bekommen dies der Trafikant Otto Trsnjek, sein Lehrling Franz Huchel und der Trafikkunde Professor Sigmund Freud, Begründer der Psychoanalyse und Jude, in Wien zu spüren.

Aufstieg des Nationalsozialismus in Österreich

Seethalers historischer Adoleszenzroman[1] spielt in Wien zu der Zeit, als der aufkommende Nationalsozialismus auch in Österreich, der Heimat Adolf Hitlers, immer mehr Anhänger fand (1937/1938).[2]

In Deutschland war die NSDAP unter der Führung von Adolf Hitler am 30. Januar 1933 an die Macht gelangt, in Österreich errichtete Bundeskanzler **Engelbert Dollfuß** im März 1933 unter Ausschaltung des Parlamentes eine **austrofaschistische Diktatur**. – Der Austrofaschismus in Österreich war eine zwischen 1933 und 1938 entwickelte Ausprägung des Faschismus und orientierte sich inhaltlich am italienischen Faschismus. – Das kleine Österreich wurde in der Folgezeit durch politische und wirtschaftliche Repressalien vom nationalsozialistischen Deutschland konsequent unter Druck gesetzt: Mit der „Tausend-Mark-Sperre" (27. Mai 1933) mussten deutsche Bürger vor einer Reise nach Österreich 1.000 Reichsmark entrichten, was den Tourismus in Österreich schwer schädigte. Gewalttätige Anschläge und Putschversuche durch nationalsozialistische Kräfte, die den österreichischen Staat zu unterwandern suchten, nahmen zu.

1933: Austro-faschistische Diktatur

---

1 Auch Coming-of-Age-Roman genannt. Vgl. auch Kapitel 3.7.
2 Vgl. auch https://www.youtube.com/watch?v=HP6LWfgguWw

2.2 Zeitgeschichtlicher Hintergrund

Am 25. Juli 1934 („Juliputsch") stürmten österreichische Nationalsozialisten und als Soldaten des Bundesheeres verkleidete deutsche SS-Leute in das Bundeskanzleramt, wobei Bundeskanzler Engelbert Dollfuß angeschossen wurde und verblutete. Der Putsch misslang letztendlich, rund 4.000 Putschisten wurden festgesetzt und **Kurt Schuschnigg wurde anschließend zum Bundeskanzler ernannt**.

Juliabkommen 1936

Auch Schuschnigg sah sich dem fortgesetzten Druck der deutschen Nationalsozialisten ausgesetzt und musste das „Juliabkommen" (11.7.1936) mit Adolf Hitler unterzeichnen: **Österreich durfte souverän bleiben**, die „Tausend-Mark-Sperre" wurde wieder aufgehoben, im Gegenzug wurden verbotene deutsche nationalsozialistische Zeitungen in Österreich wieder zugelassen und die inhaftierten Juliputschisten amnestiert, die sich nach ihrer Freilassung reorganisierten. In der Folgezeit gewannen die Nationalsozialisten so stark an Einfluss, dass Schuschnigg auch innenpolitisch immer mehr unter Druck geriet.

Volksabstimmung über die Souveränität Österreichs

Am 12. Februar 1938 fand auf Hitlers Berghof auf dem Obersalzberg in Berchtesgaden (Oberbayern) eine Unterredung zwischen Hitler und Schuschnigg statt, bei der Hitler Schuschnigg zum Berchtesgadener Abkommen nötigte, das unter anderem der seit 1933 in Österreich verbotenen NSDAP die freie politische Betätigung zusicherte und stärkere Regierungsbeteiligung nationalsozialistischer Politiker vorsah. Da sowohl Italien als auch Großbritannien und Frankreich die Bemühungen Schuschniggs um eine direkte Hilfe gegen Hitler ablehnten, ernannte er wie von Hitler gefordert den Nationalsozialisten Arthur Seyß-Inquart am 16. Februar zum Innenminister. Am 24. Februar 1938 beschwor Schuschnigg in einer öffentlichen Rede die Unabhängigkeit Österreichs: „Bis in den Tod! Rot-Weiß-Rot! Österreich!" Kurze Zeit später kündigte Schuschnigg am 9. März überraschend eine **Volksabstimmung** für den **13. März 1938** über die Unabhängigkeit Österreichs an: „für ein freies und deutsches, unabhängiges und soziales, für ein christliches und einiges Österreich". Die deut-

schen Nationalsozialisten setzten den österreichischen Bundeskanzler daraufhin massiv unter Druck und zwangen Schuschnigg
zur Absage der Volksabstimmung, während die Mobilmachung
des Deutschen Reiches zum Einmarsch in Österreich schon im
Gange war. Der Kanzler konnte sich aus dieser ausweglosen Situation nicht mehr befreien und verkündete am 11. März gezwungenermaßen seinen Rücktritt. In Seethalers Text heißt es dazu:

Anschluss
Österreichs

> „Es war die letzte Rede des Kanzlers an das Volk, das längst nicht
> mehr seines war. Von Hitlers massiven Gewaltandrohungen ge-
> zwungen, sagte er die Volksabstimmung für ein freies Österreich
> ab und gab seinen Rücktritt bekannt. [...] Er schloss die An-
> sprache mit den Worten: ‚So nehme ich denn in dieser Stunde
> Abschied vom österreichischen Volke mit dem Gruß, der tief aus
> meinem Herzen kommt: Gott schütze Österreich!‘“ (S. 143)

Am 12. März 1938 marschierten deutsche Wehrmacht-, SS- und
Polizeieinheiten unter dem Jubel großer Teile der Bevölkerung
in Österreich ein, am 13. März 1938 wurde der „Anschluss“ Österreichs und damit die Eingliederung Österreichs ins Deutsche
Reich faktisch vollzogen. Bereits in den ersten Tagen nach dem
„Anschluss“ inhaftierten die neuen Machthaber unter Mithilfe ös-
terreichischer Nationalsozialisten rund 70.000 Menschen, insbesondere in Wien. Darunter waren viele Politiker und Intellektuelle
sowie vor allem Juden.

„Anschluss“
Österreichs an
das Deutsche
Reich

Die Menschen in Österreich reagierten unterschiedlich auf die
Ereignisse, die Auswirkungen auf ihre eigene Lebenssituation
hatten. **Jüdische Mitbürger** waren durch die Rassenlehre der
Nationalsozialisten aus dem öffentlichen Leben ausgeschlossen:
Sie durften nicht arbeiten, Theater- oder Kinobesuche waren
ihnen verboten. Wer konnte und die Zeichen der Zeit rechtzeitig
deutete, ging – wie Sigmund Freud – ins Exil. Geschäfte, die Juden
bedienten, gerieten buchstäblich unter Beschuss, wie Trsnjeks
Trafik in *Der Trafikant*:

Rassenlehre

2.2   Zeitgeschichtlicher Hintergrund

Hitler trifft mit seiner Wagenkolonne am 15. März 1938 auf dem Heldenplatz in Wien ein.
© picture-alliance / akg-images I akg-images

„Auf der Theke lagen die Innereien eines oder mehrerer großer Tiere. [...] Zwischen den Glasstücken lag ein abgeschlagener Hühnerkopf und blickte mit bläulichen, toten Augen zu ihm herauf. [...] Schweigend betrachtete er die Angelegenheit: den über den Eingang schief hingeschmierten Schriftzug HIER KAUFT DER JUD! [...].“ (S. 152)

Wer sich der Bevormundung durch die Nationalisten entziehen wollte, riskierte, durch die Gestapo verhaftet zu werden. Das führte vielfach zu einer **allgemeinen Verunsicherung in der Bevölkerung**, denn mit der „falschen politischen Einstellung“, indem man beispielsweise wie Otto Trsnjek in seiner Trafik nach wie vor Juden bediente, konnte es schon der „nette Nachbar von nebenan“ wie Fleischermeister Roßhuber sein, der denunzierte und damit Bürger der Gestapo und dem nahezu sicheren Tod auslieferte.

Trotzdem gab es Einzelpersonen oder Gruppen, die das antisemitische totalitäre gesellschaftliche System mit seinen starren Strukturen ablehnten und deshalb **zu zivilem Ungehorsam aufriefen**. Ihnen widerstrebte die verordnete Unmündigkeit und Konformität des neuen gesellschaftlichen Gedankenguts: In *Der Trafikant* sind das exemplarisch Otto Trsnjek, der „Rote Egon", Heinzi und natürlich auch Franz Huchel.

Wichtige politische Ereignisse in Österreich im Überblick (1933–1938)

1933	**März**: Der christsoziale österreichische Bundeskanzler Engelbert Dollfuß errichtet unter Ausschaltung des Parlamentes eine austrofaschistische Regierung. **Juni**: Verbot der österreichischen NSDAP.
1934	**Februar:** Bewaffneter Kampf von Sozialdemokraten gegen Regierungstruppen; Verbot der österreichischen Sozialdemokratischen Arbeiterpartei (SDAP). **Mai:** Gründung der Partei Vaterländische Front unter Führung von Dollfuß als Nachfolgeorganisation der Christlichsozialen Partei. **Juli:** Gescheiterter Putschversuch der Nationalsozialisten gegen die austrofaschistische Regierung, wobei Dollfuß jedoch ums Leben kommt. Nachfolger von Bundeskanzler Dollfuß wird Kurt Schuschnigg. Inhaftierung von rund 4.000 Nationalsozialisten.
1935	Schuschnigg ist gegen den „Anschluss" Österreichs an das Deutsche Reich und versucht mit Hilfe Italiens Österreichs staatliche Unabhängigkeit aufrechtzuerhalten. Italien gerät jedoch durch die Eroberung des damaligen Abessiniens in politische Bedrängnis und benötigt Hitlers Rückendeckung, womit Österreich einen wichtigen Schutzherrn seiner Unabhängigkeit verliert.
1936–1938	**Mai 1936:** Die Vaterländische Front wird zur einzigen legalen politischen Partei in Österreich erklärt. **11. Juli 1936:** Juliabkommen zwischen Österreich (Schuschnigg) und dem Deutschen Reich (Hitler): Zugeständnisse an die Nationalsozialisten (Amnestie der inhaftierten Putschisten, Aufhebung des Verbotes nationalsozialistischer deutscher Zeitungen), im Gegenzug Zusicherung der Unabhängigkeit Österreichs, Aufhebung der „Tausend-Mark-Sperre". Der Einfluss der im Zuge des Juliabkommens amnestierten österreichischen Nationalsozialisten wird bis 1938 immer stärker.

2.2 Zeitgeschichtlicher Hintergrund

1938	**12. Februar:** Berchtesgadener Abkommen. Hitler zitiert Schuschnigg auf seine Residenz Berghof und nötigt ihn zu weitreichenden Zugeständnissen: Schuschnigg wird unter Druck gesetzt, der seit 1933 in Österreich verbotenen NSDAP die freie politische Betätigung zuzusichern und mit Seyß-Inquart einen Vertrauten Hitlers zum Innen- und Sicherheitsminister zu ernennen sowie eine stärkere Regierungsbeteiligung weiterer nationalsozialistischer Politiker zuzulassen. **9. März:** Schuschnigg verkündet für den 13. März eine Volksabstimmung über die Unabhängigkeit seines Landes. **11. März:** Von Hitler unter Druck gesetzt, muss Schuschnigg die Volksabstimmung absagen. Erzwungener Rücktritt Schuschniggs zugunsten Seyß-Inquarts. Vielerorts Machtübernahme österreichischer Nationalsozialisten. Die deutsche Mobilmachung für den Einmarsch in Österreich läuft. **12. März:** Einmarsch von rund 65.000 deutschen Wehrmachtssoldaten, Polizisten und SS-Einheiten in Österreich. Hitler verkündet in Linz unter dem Jubel der Bevölkerung den „Anschluss" Österreichs an das Deutsche Reich. **13. März:** Das *Gesetz über die Wiedervereinigung Österreichs mit dem Deutschen Reich* tritt in Kraft, Österreich ist völkerrechtlich Teil des Deutschen Reichs. Bereits in den ersten Tagen nach dem „Anschluss" wurden rund 70.000 Menschen inhaftiert.
1945	Zeitsprung im Roman: Am 12. März erfolgte der schwerste Bombenangriff der alliierten Truppen auf Wien.

Sigmund Freud und die Psychoanalyse

„Ich wollte zunächst ein Buch über Freud schreiben. Ich mag den Alten, auch wenn er nicht unproblematisch ist. So war etwa sein Frauenbild recht eigenartig. Und im Grunde ist ja diese ganze Psychoanalyse ein Hirngespinst, eine hanebüchene Idee – aber in sich stimmig!"[3]

Autor Robert Seethaler macht in seinem Roman die Figur des Professors Sigmund Freud, **Begründer der Psychoanalyse**, zum Berater des naiven Franz Huchel in Liebesdingen.

---

3   Seethaler, http://www.n-tv.de/leute/buecher/Freud-und-Leid-article10008306.html

Freud, Mediziner und später Professor für Neuropathie in Wien, betrachtete seine Psychoanalyse zunächst als eine Art Psychotherapie zur Behandlung der Hysterie. Dabei standen vor allem weibliche Patienten, wie im Roman Mrs. Buccleton (vgl. S. 115 ff.), im Mittelpunkt seiner Behandlung auf der Couch. Freud untersuchte das Verdrängen sexueller Gedanken aus dem Bewusstsein, die dann aber durch Versprecher oder Träume wieder kurzfristig an die Oberfläche gelangten.

Psychotherapie

> „Ich bin ein Nichts. Ein wertloses Stück Dreck. Eine Fußmatte für die Abtritte der Menschheit. Ein Abfallkübel, bis über den Rand angefüllt mit schlechten Gedanken, schlechten Gefühlen, schlechten Träumen." (S. 115)

1899[4] veröffentlichte Freud seine Theorie in *Die Traumdeutung*, das als grundlegendes Werk der Psychoanalyse gilt. Freud führt hier die grundlegenden Begriffe der frühen Psychoanalyse ein: Der Hauptantrieb menschlichen Verhaltens entspringe unterbewussten kindlichen Sexualfantasien, denen gesellschaftliche Normierungen gegenüberstehen. Mittels Sublimierung könne der Mensch die unterdrückte Libido in kulturelle Leistungen umwandeln. Träume seien verschlüsselte Hinweise auf den Konflikt zwischen menschlichen Wünschen und Verboten.

Traumanalyse

Sigmund Freud
Traumdeutung

Als die Romanfigur Franz Huchel, in Liebesdingen völlig unerfahren, sich Hals über Kopf in Anezka verliebt, sucht er im Roman den Rat des betagten Professors. Der fiktive Freud, der sicherlich anders als die reale Figur Freud wenig Brauchbares zur Liebe im Allgemeinen und Frauen im Besonderen zu sagen hat, rät Franz zum Aufschreiben seiner Träume:

---

4   Das Erscheinungsjahr wurde im Buch auf 1900 vordatiert.

2.2   Zeitgeschichtlicher Hintergrund

> „Manchmal befolgte er [Franz] den Ratschlag des Professors und versuchte, sein wild gewordenes Seelenleben zu bändigen, indem er seine Träume gleich nach dem Aufwachen aufschrieb." (S. 95)

Als die politischen Zeiten um Franz herum immer wilder und unübersehbarer werden, bleibt das morgendliche Aufschreiben der Träume seine einzige Konstante. Nachdem er die Zettel seiner nächtlichen Träume in die Auslage des Geschäfts hängt, belebt er als „Marketingmaßnahme" damit sogar das schwierig gewordene Geschäft der Trafik:

Freud emigriert 1938 über Paris nach London. Hier seine Ankunft in Paris, zusammen mit Tochter Anna.
© picture alliance / Mary Evans Picture Library

> „Aber der Trafik tut es gut. Die Leute bleiben stehen, drücken ihre Nasen gegen die Scheiben und lesen, was mir in der Nacht durch den Schädel geweht ist. Und wenn sie schon einmal stehen geblieben sind, kommen sie manchmal auch herein und kaufen etwas." (S. 226)

Franz' letzter Zettel vor seinem Verschwinden am 7. Juni 1938 hängt bis zur Bombardierung Wiens am 12. März 1945 an der Trafik und ist ein letztes Lebenszeichen vom kurzen Widerstand Franz Huchels und seiner Freundschaft zum Juden Sigmund Freud, der sich immerhin im Gegensatz zu vielen anderen Juden ins Exil retten konnte:

Letzter Traum: „Der See hat auch schon bessere Zeiten gesehen..." (S. 249)

> „Im Keller der Gestapo-Dienststelle [...] mussten sich fünfzehn jüdische Geschäftsleute nackt ausziehen und mit den Händen über dem Kopf auf die Abholung zum Einzelverhör warten." (S. 186)

Kurzbiografie von Sigmund Freud

Jahr	Ereignis	Alter
1856	6.5. Geburt von Sigmund Freud als Sohn eines jüdischen Textilkaufmanns in Freiberg/Mähren (heute: Tschechien).	
1860	Umzug der Familie Freud nach Wien.	4
1873	Freud legt seine Matura (Abiturprüfung) ab und beginnt ein Studium der Medizin an der Wiener Universität.	17
1881	Promotion zum Doktor der Medizin.	25
1885	Habilitation. Privatdozentur für Neuropathologie an der Universität Wien.	29
1886	Heirat mit der Hamburger Jüdin Martha Bernays (1861–1951). Freud eröffnet eine neurologische Praxis in Wien.	30
1895	Freud gelingt es, einen eigenen Traum zu analysieren, er verwendet dafür den Begriff „Psychoanalyse". Geburt der Tochter Anna Freud (1895–1982), des letzten der insgesamt sechs Kinder.	39
1899/ 1900	Die ersten Abhandlungen zum Thema werden im Buch *Die Traumdeutung* veröffentlicht.	43/44
1902	Professur für Neuropathologie an der Wiener Universität.	46
1905	*Drei Abhandlungen zur Sexualtheorie* erscheint.	49
1913	*Totem und Tabu* erscheint.	57
1920	*Jenseits des Lustprinzips* erscheint.	64
1922	Bei Freud wird Gaumenkrebs diagnostiziert.	66
1923	Krebsoperation: Freud werden der rechte Oberkiefer und Gaumen operativ entfernt, eine Prothese eingesetzt. Im Laufe der Jahre werden 33 weitere Operationen durchgeführt.	67
1924	Die ersten Bände von Freuds *Gesammelten Schriften* erscheinen (12 Bände, bis 1934).	68
1926	Freud erhält zahlreiche Ehrungen zu seinem 70.Geburtstag.	70
1930	*Das Unbehagen in der Kultur* erscheint.	74

2.2 Zeitgeschichtlicher Hintergrund

Jahr	Ereignis	Alter
1933	Hitler wird deutscher Reichkanzler. Bei der von den Nationalsozialisten inszenierten Bücherverbrennung werden auch Freuds Werke verbrannt. Der Austrofaschismus verbreitet sich in Österreich. Freud weigert sich jedoch, Wien zu verlassen. Die gemeinsam mit Albert Einstein verfasste Schrift *Warum Krieg?* erscheint.	77
1938	13.3.: Österreich ist faktisch dem Deutschen Reich einverleibt. Wenige Tage später wird Freuds Wohnung durchsucht, seine Tochter Anna wird von der Gestapo verhaftet und einen Tag lang verhört. 4.6. Freud emigriert mit seiner Familie nach London, wo er bis zu seinem Tod praktiziert.	82
1939	23.9.: Freud stirbt in London.	83

2.3 Angaben und Erläuterungen zu wesentlichen Werken

Zusammenfassung

Seethalers Zuneigung und Aufmerksamkeit gilt in seinen Romanen den Außenseitern, die sich im Spannungsfeld zwischen eigenen Ansprüchen, der Sehnsucht nach Liebe und der sie umgebenden Realität bewegen. Seethalers Werke weisen keine nennenswerten autobiografischen Züge auf: Der Autor schöpft allgemein aus seinem Erfahrungsschatz.[5]

Robert Seethaler ist erst im Alter von 38 Jahren zum Schriftsteller geworden. Als Schauspieler, der er vorher war, hatte er sich nach eigenen Angaben auf dem Bühne nie richtig wohlgefühlt. Beim Schreiben ist er jedoch ganz bei sich, wie er einmal sagte: „Seltsam dieser Beruf, man starrt auf eine weiße Wand und wartet, dass sich etwas bewegt."[6] Im Interview mit dem Deutschlandfunk aus dem Jahre 2014 bekennt Seethaler:

Schauspieler und Schriftsteller

„Ich komme aus einer ganz einfachen Arbeiterfamilie. Für mich ist auch jetzt der Beruf des Schriftstellers geradezu etwas Absurdes. Ich kann es selbst noch gar nicht glauben. Wenn mich jemand fragt: ‚Was machen Sie denn beruflich' Und ich sage: ‚Ich bin Schriftsteller.' Die Worte stehen seltsam fremd leuchtend vor meinem eigenen Geist. Ich betrachte sie als etwas völlig Außergewöhnliches, nicht zu mir Gehörendes. Ich hatte nie diese Eloquenz, nie diese Selbstüberhöhung, der Welt viel mitteilen zu können. Dementsprechend schreibe ich meine Bücher. Ich muss die Sätze eher zusammenzimmern. Da fließt nichts raus."[7]

---

5   Seethaler, http://www.n-tv.de/leute/buecher/Freud-und-Leid-article10008306.html. Franz Huchel hat allerdings – ebenso wie Autor Seethaler – am 7. August Geburtstag.
6   Ebd.
7   http://www.deutschlandfunk.de/robert-seethaler-ein-ganzes-leben.700.de.html?dram:article_id= 296260

2.3 Angaben und Erläuterungen zu wesentlichen Werken

Eigendynamik
der Roman-
figuren

Vor dem eigentlichen Schreiben weiß Seethaler noch nicht, welche Figuren im Roman aufeinandertreffen und welche Dynamik die Geschichte schließlich entwickeln wird. Für ihn beginnt vielmehr alles im „nebelhaft Unbewussten"[8]. Das kann ein kleiner „Lichtpunkt" sein, der sich im besten Fall zu einem Interesse auswächst. Es kann eine Szene oder eine Figur sein, mit der dann eine Art Struktur wächst und ein grober Ablauf entsteht und den Startpunkt für das Schreiben liefert.[9]

Außenseiter
stehen meist
im Mittelpunkt
von Seethalers
Romanen

In den bisher erschienenen Romanen von Seethaler stehen dabei immer wieder Außenseiter oder Eigenbrötler im Mittelpunkt, die schließlich zu Sympathieträgern werden: Wie die Beispiele des Trafiklehrlings Franz Huchel oder auch des Andreas Egger aus *Ein ganzes Leben* zeigen. Seethaler geht es nicht darum, die Protagonisten als Vorbilder für seine Leser erscheinen zu lassen. „Ich hatte als Jugendlicher auch Vorbilder, aber Vorbildern nachzueifern bedeutet auch, dass die eigene Persönlichkeit weniger stark entwickelt wird."[10]

Robert Seethaler erhielt für seine bisher erschienenen Romane zahlreiche Auszeichnungen, Stipendien und Ehrungen (vgl. auch Kapitel 2.1 Biografie). 2016 wurde er für seinen Roman *Ein ganzes Leben* für den renommierten *Man Booker International Prize* nominiert. Zwar hat er die Auszeichnung dann letztlich nicht erhalten, aber selbst die Nominierung für ein deutschsprachiges Werk gilt schon als außergewöhnlich.

2006: *Die Biene und der Kurt*

Seethalers
Debüt-Roman

Der Road-Trip eines ungleichen Paars, das zufällig an einem verlassenen Bahnhof aufeinandertrifft. Biene, ein 16-jähriges, pummeliges Mädchen, das aus einem Mädchenheim geflüchtet ist, und der kettenrauchende Schlagersänger Kurt touren von nun an gemeinsam im „Heartbreakin'-Mobil" durch die Provinz,

---

8   In: *Psychologie Heute*, 5/2015.
9   Ebd.
10 Seethaler, http://www.n-tv.de/leute/buecher/Freud-und-Leid-article10008306.html

haben diverse Auftritte vor Zuschauern und erleben gemeinsam zum Teil recht skurril anmutende Abenteuer.[11]

2008: *Die weiteren Aussichten*

Herbert Szevko führt gemeinsam mit seiner willensstarken Mutter eine alte Tankstelle in einem Provinznest. Eines Tages taucht dort Hilde, eine junge Frau auf, die im örtlichen Hallenbad als Putzfrau arbeitet, und wirbelt das bis dahin in geordneten Bahnen verlaufende Leben von Herbert kräftig durcheinander. Dabei entdeckt er auch die Liebe als etwas für ihn bis dahin völlig Unbekanntes.[12]

2010: *Jetzt wirds ernst*

Die Geschichte eines Jungen, der das Theater eigentlich hasste, aber durch Lotte, seine erste Liebe, schließlich zum Theater kommt, zum Schauspieler avanciert und die Provinz verlässt.[13]

2012: *Der Trafikant*

Im Spätsommer des Jahres 1937 in Österreich wird der 17-jährige Franz Huchel von seiner Mutter nach Wien geschickt, um dort als Lehrling in einem Tabak- und Zeitschriftenladen zu arbeiten. Dort freundet er sich mit dem Psychoanalytiker Sigmund Freud an und bittet ihn auch um Rat, als er sich unsterblich in die Varietétänzerin Anezka verliebt. Im Laufe der Geschichte spitzen sich die politisch-gesellschaftlichen Verhältnisse der Nazizeit immer mehr zu und schließlich ist nichts mehr so, wie es war.[14]

2014: *Ein ganzes Leben*

Als junger Mann errichtet der Hilfsknecht Andreas Egger zusammen mit anderen eine Bergbahn im seinem Dorf. Wenig später

2016: Nominierung für den *Man Booker International Prize*

---

11 https://keinundaber.ch
12 Ebd.
13 Ebd.
14 Ebd.

verliebt er sich in Marie, verliert sie jedoch bei einem Lawinen-unglück. Erst kurz vor seinem Tod ist sie nochmals an seiner Seite, als er auf sein Leben zurückblickt.[15]

2018: *Das Feld*

Was bleibt von einem Leben? Eine Geschichte oder die Erinne-rung an einen Moment, an ein bestimmtes Gefühl? Wenn die Toten auf ihr Leben zurückblicken könnten, wovon würden sie er-zählen? Einer wurde geboren, verfiel dem Glücksspiel und starb. Ein anderer hat nun endlich verstanden, in welchem Moment sich sein Leben entschied. Eine erinnert sich daran, dass ihr Mann ein Leben lang ihre Hand in seiner gehalten hat. Eine andere hatte siebenundsechzig Männer, doch nur einen hat sie geliebt. Und einer dachte: Man müsste mal raus hier. Doch dann blieb er. In Robert Seethalers neuem Roman geht es um das, was sich nicht fassen lässt. Es ist ein Buch der Menschenleben, jedes ganz anders, jedes mit anderen verbunden. Sie fügen sich zum Roman einer kleinen Stadt und zu einem Bild menschlicher Koexistenz.[16]

2020: *Der letzte Satz*

In diesem Roman wird der berühmte Komponist Gustav Mahler von Seethaler porträtiert, der sich an Deck eines Schiffes von New York nach Europa seinen Gedanken, Erinnerungen an die Vergangenheit und Selbstgesprächen hingibt.

---

15 Vgl. auch https://www.hanser-literaturverlage.de/buch/ein-ganzes-leben/978-3-446-24645-4
16 https://www.hanser-literaturverlage.de/buch/das-feld/978-3-446-26038-2/

3.1 Entstehung und Quellen

Zusammenfassung

Seethalers Faszination für Sigmund Freud, den Begründer der Psychoanalyse, und das Aufkommen nationalsozialistischen Gedankenguts im Wien der Dreißigerjahre bilden die Grundlage für den Stoff seines historischen Romans *Der Trafikant*. Im Jahr 2010 begann der Autor mit der Niederschrift und am 30. August 2012 erschien *Der Trafikant* im Verlag Kein & Aber, Zürich.

Seethaler hat mit dem Schreiben seines Romans *Der Trafikant* 2010 begonnen. Er wollte zunächst ein **Buch über Sigmund Freud** schreiben:

Historischer Roman

„Ich mag ihn. Er war ein Fantast und freier Denker. Er hat zwar nicht die Welt verändert, aber unsere Art zu denken bewegt. Er war im prüden Wien zur Zeit der Jahrhundertwende ein Tabubrecher. Und er steht für mich symbolisch für den Zusammenbruch der damaligen westlichen Zivilisation.“[17]

Da es für Seethaler schwierig geworden wäre, über den bekannten Psychoanalytiker etwas Neues zu schreiben, entschloss er sich, einen historischen Roman zu verfassen und diesen im Wien der Dreißigerjahre anzusiedeln. Hier lässt er den berühmten Psychoanalytiker Sigmund Freud durch die Augen des jungen und naiven **Franz Huchel** beschreiben. Seethaler in einem Interview:

---

17 https://www.a3kultur.de/positionen/genug-gequatscht

3.1 Entstehung und Quellen

> „Freud kann man sich einfach nicht ohne die Geschichte nähern. Es reicht aus, dass ich mich um das Kleine kümmere. Der große, zeitgeschichtliche Hintergrund schwingt dennoch immer mit."[18]

Adoleszenzgeschichte des Franz Huchel

Seethaler erzählt die Geschichte von Franz Huchel im Wien Ende der 30er-Jahre mit feinem Humor und mit Sinn für seine Figuren und das Milieu, in dem sie sich bewegen. Dabei setzt er auf die **Naivität Franz Huchels**, der als reiner Tor vom Lande aus dem Salzkammergut in die Großstadt Wien kommt. Die pulsierende Großstadt übt auf Franz große Faszination aus, aber er ist auch unsicher und muss sich erst zurechtfinden.

Unerfahren, aber nicht dumm

Die Naivität Franz Huchels ist dabei als kindlich-unbefangene und offene Einstellung gegenüber allem Neuen zu verstehen, was sowohl seine Arbeit als Trafiklehrling wie auch sein Privatleben im nationalsozialistisch geprägten Wien betrifft. Zusammen mit den eigenen Erfahrungen, die er in dem Roman macht (Coming-of-Age-Geschichte), führt das schließlich zu einem **Reifeprozess**, der ihn standhaft seine eigenen Überzeugungen vertreten lässt. Seethaler erzählt seine Geschichte ohne erhobenen Zeigefinger, denn „es ist aus der Entfernung der Zeit immer leicht, zu urteilen und zu verurteilen. Niemand kann sagen, wie er in dieser oder jener Situation gehandelt hätte. Jeder von uns kann jederzeit zum Feigling oder zum Helden werden"[19].

---

18 Interview mit Robert Seethaler in: Salzburger Landestheater: *Der Trafikant*, Unterrichtsmaterialien, pdf, S. 9.
19 https://www.a3kultur.de/positionen/genug-gequatscht

3.2 Inhaltsangabe

Zusammenfassung

Im Mittelpunkt des Romans steht die Coming-of-Age-Geschichte des Franz Huchel, der, im österreichischen Salzkammergut aufgewachsen, im Jahr 1937 von seiner Mutter als Lehrling in die Trafik des Ladenbesitzers Otto Trsnjek nach Wien geschickt wird. Dort verliebt sich Franz unglücklich in die Böhmin Anezka und baut eine Freundschaft zu dem Psychoanalytiker Sigmund Freud auf. Es ist die Zeit des aufkommenden Nationalsozialismus in Österreich, der die Verhaltensweisen der Protagonisten immer stärker beeinflusst und schließlich zu weitreichenden Konsequenzen für ihre Leben führt: Der Jude Freud flieht vor den nationalsozialistischen Repressalien nach London, Trafikbesitzer Trsnjek wird denunziert und stirbt in Gestapo-Gewahrsam und auch Franz wird von der Gestapo abgeholt, sein weiteres Schicksal bleibt offen. Lediglich die Mitläuferin Anezka ist im März 1945 noch am Leben.

Der 17-jährige Franz Huchel lebt mit seiner Mutter im beschaulichen Nußdorf am Attersee im österreichischen Salzkammergut. Im Spätsommer des Jahres 1937 wird der reiche Sägewerks- und Holzfabrikbesitzer **Alois Preininger, Liebhaber und Gönner der Mutter**, beim Schwimmen im See vom Blitz erschlagen. Da nun die finanzielle Unterstützung für die alleinerziehende Mutter ausbleibt, bittet Franz' Mutter ihren ehemaligen Liebhaber Otto Trsnjek, den Sohn als Lehrling in seiner Trafik (öst. für Tabak-, Zeitungs- und Schreibwarenladen) in Wien zu beschäftigen. Franz fügt sich widerwillig.

Franz führt beschauliches Leben im Salzkammergut

Schon am Tag nach Preiningers Beerdigung sitzt Franz im Zug und reist vom Bahnhof Timelkam in die Großstadt Wien. Einziges Vorkommnis auf der Zugfahrt: Die Reisenden müssen einen Kuhkadaver von den Gleisen schaffen, während Franz dabei zusieht, „seine weichen Mädchenhände hinter dem Rücken verschränkt" (S. 18). In Wien angekommen, wird Franz von den neuen Ein-

Großstadt-Schock

drücken regelrecht überwältigt: Das Licht, die Geräusche und die Gerüche setzen ihm zu und ihm wird übel.

Trafikantenleben

Die Tabak Trafik

In der Währingerstraße im neunten Wiener Gemeindebezirk befindet sich Trsnjeks Trafik. Dort lernt Franz den **Trafik-Besitzer Otto Trsnjek** kennen, der kriegsversehrt ist: Sein linker Unter- und halber Oberschenkel sind amputiert, das linke Hosenbein ist unter dem Stumpf zusammengenäht, er geht auf Krücken. Franz bekommt zum Schlafen eine kleine Lagerkammer in der Trafik zur Verfügung gestellt. Zu seinen Aufgaben in der Trafik gehört es von nun an, Kunden beim Kauf von Tabakwaren zu beraten und Zeitungen zu verkaufen. In den Arbeitspausen liest er auf Anweisung von Otto Trsnjek die Zeitungen in der Trafik, um sich mit deren Inhalt vertraut zu machen. Neben den sichtbaren Auslagen in der Trafik verkauft der Ladenbesitzer auf besonderen Kundenwunsch hin auch sogenannte „Wichsheftln" (S. 33), die er in einer seiner Schubladen heimlich aufbewahrt. Seiner Mutter schreibt Franz jede Woche eine Ansichtskarte und erhält auch von ihr jeweils eine mit Bildern vom Attersee.

Oktober 1937:
Franz Huchel
lernt Sigmund
Freud in der
Trafik kennen

Im Oktober desselben Jahres (vgl. S. 35) bedient Otto Trsnjek schließlich einen älteren Herrn, der 20 Zigarren und die Zeitung *Neue Freie Presse* kauft. Franz wundert sich über die zuvorkommende Behandlung dieses Herrn und erfährt auf Nachfrage, dass es sich dabei um den bekannten **Psychoanalytiker Sigmund Freud** handelt, dessen Name auch Franz etwas sagt. Dass Freud **Jude** und daher in einer problematischen Situation ist, erwähnt Otto Trsnjek nebenbei.[20] Freud hat seinen Hut in der Trafik vergessen, Franz bringt ihm diesen hinterher und verwickelt Freud auf dem Heimweg zur Berggasse Nr. 19 in ein Gespräch über die Liebe: Der Professor ermuntert ihn zu Taten mit den Worten „Bislang haben das noch die allermeisten geschafft" (S. 44).

Franz verliebt
sich in die 20-
jährige Anezka

Gleich am darauffolgenden Samstag besucht Franz den Wiener Prater (großer Vergnügungspark) **auf der Suche nach einer Frau.**

---

20   Vgl. auch Prüfungsaufgabe 3, S. 116.

Wien, Prater Riesenrad   38409

Franz besucht den Wiener Prater – hier das Riesenrad im Jahr 1935 –, um eine Frau zu finden, und trifft Anezka.
© picture alliance / arkivi

Bei der Schiffschaukel trifft er auf „das schönste Gesicht, das Franz [...] je in seinem Leben gesehen hatte" (S. 51), und lädt das dazugehörige Mädchen, eine Böhmin, ein: Auf den ersten Blick verliebt sich Franz. Nachdem sie zusammen getanzt und getrunken haben, stellt die Böhmin eine zweideutige Frage. Franz antwortet naiv, dass er nur noch zweieinhalb Schilling hätte, die er ausgeben könne. Sie bittet ihn daraufhin, kurz zu warten, damit sie die Toilette aufsuchen kann, kehrt danach jedoch nicht mehr an den Tisch zu ihm zurück.

Am nächsten Morgen wird Franz von einem Tumult vor der Trafik aus dem Schlaf gerissen: Trsnjek und der Nachbar, Fleischermeister Roßhuber, streiten sich vor einer johlenden Menge. Der Gehweg und die Ladenfront der Trafik sind mit Hühnerblut beschmiert, am Schaufenster der Trafik stehen die mit Blut geschriebenen Worte **„Schleich dich, Judenfreund!"** (S. 61), an der

„Schleich dich, Judenfreund!"

3.2   Inhaltsangabe

Mauer daneben befindet sich ein mit Blut gezeichneter „Arsch mit Ohren". Trsnjek beschimpft schließlich Roßhuber als Nazi und auch die gaffenden Menschen beleidigt er wegen ihres schweigenden Zusehens, bevor er wütend in der Trafik verschwindet.

Vergeblich versucht Franz in den kommenden zwei Monaten die Böhmin zufällig auf dem Prater wiederzusehen. In seiner Not sucht er Sigmund Freud auf (S. 69 ff.), der ihm u. a. den Rat gibt, seine nächtlichen Träume aufzuschreiben. In der Trafik läuft das tägliche Geschäft derweil bis zum Winter 1937 weiter, bevor die Trafik über Weihnachten und die Jahreswende geschlossen wird, da Otto Trsnjek während dieser Zeit seine Großcousine in Potzneusiedl im Burgenland besucht. Franz kann auch in dieser Zeit seine erste große Liebe nicht vergessen und entschließt sich schließlich am Neujahrstag einen **Kellner im Schweizerhaus** am Prater aufzusuchen und ihn nach dem Verbleib des Mädchens zu fragen. Nachdem Franz ihm ziemlich viele Geldscheine zugesteckt hat, verrät der Kellner ihm schließlich eine Adresse, wo sich das Mädchen aufhalten könnte: Vorher haben die beiden allerdings noch eine körperliche Auseinandersetzung, nachdem sich der Kellner in Franz' Augen beleidigend über die Böhmin geäußert hat.

Als Franz an der besagten Adresse ankommt, klopft er schließlich im zweiten Stock des heruntergekommenen Hauses an eine Tür, hinter der er ein Stimmengewirr wahrnimmt. Als er das Zimmer betritt, sitzen dort ungefähr 30 böhmische Mädchen und Frauen, unter denen er schließlich auch „seine" Böhmin entdeckt: Anezka, drei Jahre älter als Franz (vgl. S. 90). Froh, sie wiedergetroffen zu haben, **führt er das ausgehungerte Mädchen zum Essen** aus und anschließend gehen sie zur Trafik, wo sie beide in seinem Zimmer übernachten und erstmals intim werden.

Franz ist überglücklich und **hofft auf eine gemeinsame Liebesbeziehung**. Aber schon am nächsten Tag, als er sie aus ihrer Wohnung abholen möchte, trifft er sie dort nicht an – ebenso wie an den folgenden Tagen. Erst ein paar Wochen später klopft

Franz erfährt mit körperlichem Einsatz die Adresse der Böhmin

Franz wird von Anezka in die körperliche Liebe eingeführt

Anezka verfroren nachts an seine Tür, übernachtet erneut bei ihm, ist aber schon am nächsten Morgen wieder verschwunden. Franz, der sich weiterhin stark zu ihr hingezogen fühlt, nimmt sich schließlich wegen angeblicher Rückenschmerzen einen Tag frei und wartet vor ihrem Wohnhaus in der Hoffnung, sie dort erneut anzutreffen.

Schließlich verlässt Anezka tatsächlich das Haus und Franz folgt ihr unbemerkt zum Nachtlokal „Zur Grotte". Franz ist neugierig, bezahlt den Eintritt und setzt sich an einen der Tische. Erst erlebt er nazi- und hitlerkritisches Kabarett[21] (S. 102 f.) und dann erscheint die als Hauptattraktion des Abends angekündigte **Indianerschönheit N'Tschina**: Franz erkennt sie sofort. Es ist Anezka, die jetzt eine schwarze Perücke trägt und sich langsam vor den zuschauenden Männern entblößt. Franz verlässt das Nachtlokal noch während ihres Auftritts. Um Anezka zur Rede zu stellen, wartet er vor dem Nachtlokal, bis der Conférencier und Anezka als Letzte das Lokal verlassen. Als er von der Mülltonne springt, auf der er gewartet hat, wird er vom Conférencier mit einem Messer bedroht, bevor Anezka Entwarnung gibt und Heinzi wegschickt. Franz befragt Anezka nach ihrer Beziehung zu Heinzi, rasend vor Eifersucht. Sie verneint jedoch eine Beziehung zu irgendjemand mit den Worten „Ich geheer zu keinem. Nicht einmal zu mir selber!" (S. 113; vgl. auch Prüfungsaufgabe 2, S. 114). Schließlich gibt sie Franz – der sie ständig bittet, ihn nicht mehr „Burschi" zu nennen – noch einen Kuss auf die Stirn und geht. Franz sammelt einen toten Nachtfalter ein (vgl. dazu auch Kapitel 3.6 Sprache) und geht ebenfalls.

Franz' erste Reaktion nach dieser Enttäuschung ist der Gedanke an eine Flucht nach Hause ins Salzkammergut, wie er seiner Mutter später schreibt. Er besinnt sich aber auf seine „Verantwortung" und bleibt in Wien. In seiner Not weiß er sich

Franz folgt Anezka in das Nachtlokal „Zur Grotte"

März 1938: Schuschnigg will Österreichs Unabhängigkeit: „Rot-Weiß-Rot – bis in den Tod!"

---

21 Später erfährt man, dass es sich hier um den Auftritt von Heinzi, dem Conférencier, handelt (vgl. S. 134), der später deswegen von der Gestapo abgeholt wird (S. 204).

nicht anders zu helfen, als vor dem Haus von Sigmund Freud auf einer Bank auf diesen zu warten. **Freuds Tochter Anna macht den Professor auf Franz aufmerksam**, der sich über Franz' Kommen freut und sich neben den „Trafikantenbub" auf die Bank setzt. Sie gehen schließlich beide in den Volksgarten, wo Franz dem Professor eine Zigarre gibt und sich Freud nach dem Stand der Beziehung zwischen Franz und Anezka erkundigt. Franz gesteht dem Professor seine körperliche Neigung zu Anezka und klagt dem Professor sein persönliches Leid. Allerdings weiß der Professor auch keinen Rat: „Ich glaube, ich kann dir da nicht helfen. […] Die richtige Frau zu finden ist eine der schwierigsten Aufgaben in unserer Zivilisation. Und jeder von uns muss sie vollkommen alleine bewältigen." (S. 140) Franz beeindruckt den Professor im weiteren Gespräch durch die Einsicht in Freuds psychoanalytische Methode, während Freud selbst immer wieder mit Besorgnis auf die politische Lage blickt (vgl. zum Beispiel Pestvogel, S. 137; siehe auch Kapitel 3.6 Sprache). Schließlich kehren beide zurück und verabschieden sich vor Freuds Haus in der Berggasse.

Selbstmord des „Roten Egon"

Nach massiven Gewaltandrohungen Hitlers sagt der österreichische Bundeskanzler Kurt Schuschnigg die geplante Volksabstimmung für ein freies Österreich ab und gibt gleichzeitig seinen Rücktritt bekannt, es ist der 11. März 1938. **Der „Rote Egon", ein Sozialdemokrat**, hört Schuschniggs Rede im Radio, verlässt daraufhin seine Wohnung und geht aufs Dach. Dort entrollt er ein für alle sichtbares Transparent vor der Hausfassade. Dann schiebt er seine Beine über die Dachkante und beginnt, eine filterlose Zigarette zu rauchen. Als kurz danach drei Männer und eine Frau mit Hakenkreuzbinden und mit kurzen Totschlägern aus der Dachluke steigen und mordlüstern auf ihn zugehen, verlagert der „Rote Egon" sein Gewicht nach vorne, wirft seine filterlose Zigarette in die Tiefe und springt hinterher.

Der „Rote Egon" in den Medien

Am nächsten Tag liest Otto Trsnjek Franz aus der *Reichspost* das Geschehen um den „Roten Egon" aus nationalsozialistischer

Sicht vor: Der vermutlich bewaffnete „berüchtigte Bolschewist und Arbeitslose Hubert Panstingl" habe ein Transparent mit verunglimpfenden Schmierereien entrollt und damit einen Angriff auf die „neue Geistesfreiheit" des Reiches verübt, was nur durch beherztes Eingreifen von mutigen Wiener Bürgern vereitelt werden konnte. Panstingl soll diese bedroht haben, bei seinem Angriff schließlich das Gleichgewicht verloren haben und in die Tiefe gestürzt sein.[22] Wütend verrät Otto Trsnjek Franz, was tatsächlich auf dem Transparent des „Roten Egon" gestanden hat: „Die Freiheit eines Volkes braucht die Freiheit seiner Herzen. Es lebe die Freiheit! Es lebe unser Volk! Es lebe Österreich!" (S. 148)

Nachts wird Franz durch ein lautes Geräusch aus dem Schlaf gerissen. Als er den Verkaufsraum betritt, sieht er, dass die Auslage eingeschlagen und die Eingangstür demoliert ist, überall einzelne Zeitungen und Zigarren auf dem Boden herumliegen, dazwischen abgeschlagene Hühnerköpfe und auf der Theke die Tierinnereien. Zusammengesunken sitzt Franz auf einem Hocker, als am Morgen Otto Trsnjek kommt und die Übeltat und den über der Eingangstür hingeschmierten Schriftzug **„Hier kauft der Jud!"** sieht. Zusammen räumen die beiden die Trafik wieder auf. Als sie sich nach stundenlanger Arbeit ein Bier gönnen, hält plötzlich ein altmodischer, dunkler Wagen vor dem Eingang, aus dem drei Männer in grauen Anzügen aussteigen. Als die Männer nach kurzem Wortwechsel mit Otto die Trafik betreten, schlägt einer der Männer Franz sofort mit der Faust gegen das linke Ohr. Otto Trsnjek wird von den Männern zu Boden gezerrt, misshandelt und „wegen Besitz und Verbreitung pornografischer Druckerzeugnisse" (S. 155), vorgeblich an Juden, verhaftet. Franz' Versuch, den Männern noch glaubhaft zu versichern, dass die Wichsheftln ihm gehören, bleibt erfolglos. Otto Trsnjek wird ohne seine Krücken auf den Rücksitz des Autos verfrachtet und weg-

> Nächtlicher Anschlag auf die Trafik: „Hier kauft der Jud!"

> Otto Trsnjek wird misshandelt und verhaftet

---

22 Vgl. auch Prüfungsaufgabe 4, S. 119.

gebracht. Fleischermeister Roßhuber hatte Ottos Abtransport lächelnd beobachtet.

Franz führt derweil die Trafik eigenverantwortlich in Otto Trsnjeks Abwesenheit weiter, lässt vom Glasermeister neue Fensterscheiben einsetzen und streicht die Inneneinrichtung. Seiner Mutter berichtet er nicht von Trsnjeks Verhaftung, sondern behauptet in einem Brief (vgl. auch Kapitel 3.6 Sprache) nur, dieser sei momentan krank. Es kommen von nun an deutlich weniger Kunden in die Trafik, um Zeitschriften oder Zigarren zu kaufen. Insbesondere **die jüdischen Kunden sind fast alle verschwunden**, während man die nationalsozialistischen Kunden nun auch an ihrem Äußeren erkennen kann (vgl. S. 165). Das Zeitunglesen gibt Franz nahezu ganz auf, da fast alle nur noch nationalsozialistisches Gedankengut verbreiten. Franz muss noch immer oft an Anezka denken.

Franz klebt seine Traumzettel an die Trafik

Franz' Mutter berichtet in ihrem Antwortbrief ausführlich über die sich am Attersee ebenfalls ausbreitende Nazi-Herrschaft. Dem Rat seines Freundes Sigmund Freud folgend, notiert Franz seit einiger Zeit regelmäßig den Inhalt seiner Träume, um besser schlafen zu können. Nach einem Traum über seinen Vater klebt Franz seinen **Traumzettel von außen ans Schaufenster der Trafik und beobachtet die unterschiedlichen Reaktionen** der die Zettel lesenden Passanten. Er entschließt sich, das von nun an jeden Tag zu tun in der Hoffnung, „irgendwann doch bei einem zufällig vorbeikommenden Betrachter etwas bewirken oder bewegen" (S. 178) zu können. Viele reagieren kaum auf das Gelesene, manche sind empört, einige werden zum Nachdenken angeregt.

Das Wiener Hotel Metropol

Eine Woche nach dem Abtransport von Otto Trsnjek erkundigt Franz sich zum ersten Mal im ehemaligen Wiener Hotel Metropol, der Dienststelle der Geheimen Staatspolizei (Gestapo), nach dem Vermissten. Obwohl der Pförtner eine schriftliche Eingabe von ihm verlangt, bleibt Franz stur und geht von nun an jeden Tag zur selben Zeit ins Hotel Metropol, **um sich nach Otto Trsnjeks Befinden zu erkundigen**. Als es dem Pförtner reicht, telefoniert dieser und lässt Franz von einem aus einer Tapetentür heraustretenden Mann im Anzug aus dem Gebäude werfen. Franz stürzt auf das Straßenpflaster und verletzt sich. Den abgebrochenen Schneidezahn legt er zu den Schreiben seiner Mutter und dem toten Nachtfalter in sein Nachtkästchen.

Am 17. Mai 1938, drei Wochen nach diesem Rauswurf – der Nazi-Terror ist im vollen Gang, u. a. werden 452 politische Gefangene nach Dachau deportiert, 15 jüdische Geschäftsleute im Gestapokeller misshandelt und Professor Freud und seine Post überwacht – überbringt der Briefträger Heribert Pfründner Franz ein an ihn adressiertes **Paket von der Gestapo**. In einem dem Paket beigelegten Anschreiben wird Franz davon in Kenntnis gesetzt, dass Otto Trsnjek „in der Nacht zum 14. Mai [...] seinem nicht näher zu bestimmenden Herzleiden" (S. 192) erlegen und bereits am 15. Mai bestattet worden sei. Des Weiteren wird Franz in dem Brief mitgeteilt, dass er „die zur Aufrechterhaltung des Geschäftsbetriebes notwendigen Vorkehrungen" treffen und „die vorläufige Geschäftsführung der Tabaktrafik Trsnjek" (S. 192) übernehmen solle. Erst in den kommenden Wochen werde über die weiteren Vermögenswerte Trsnjeks befunden. Neben dem Anschreiben findet Franz in dem Paket die Habseligkeiten Trsnjeks, unter anderem ein Foto des jungen Otto in Uniform und mit intaktem linken Bein sowie **die Hose, die er vor seinem Tod trug**. Franz weint den ganzen Tag.

Kurz vor Ladenschluss sucht Franz den Fleischermeister Roßhuber und seine Frau in deren Fleischerei auf und beschuldigt sie, die Trafik beschmiert, Trsnjek der Gestapo verraten und ihn so umgebracht zu haben. Franz schlägt Roßhuber ins Gesicht, bevor er die Fleischerei wutentbrannt wieder verlässt. Roßhuber wehrt sich nicht. Franz unterrichtet seine Mutter brieflich vom Tod Trsnjeks, verschweigt ihr aber die Umstände (S. 196 f.).

Franz befürchtet, dass auch Anezka bald verhaftet werden könnte, und sucht sie im Nachtlokal „Zur Grotte" auf, um sie zu warnen. Franz bemerkt nach dem Betreten des Lokals, dass

Franz Huchel besucht Anezka in der „Grotte" und versucht, sie zu beschützen

sich das Publikum verändert hat: An mehreren Tischen sitzen nun SS-Leute, die dem neuen Conférencier, der **nun Witze über Juden** erzählt, zuhören. In der Garderobe von Anezka erfährt Franz von ihr, dass Heinzi wegen seiner Witze über Hitler von der Gestapo abgeholt wurde. Franz versucht Anezka die Situation zu erklären und bittet sie schließlich, mit ihm wegzugehen und ihn zu heiraten, als plötzlich ein SS-Angehöriger die Garderobe betritt. Franz verkennt die Situation und stellt sich schützend vor Anezka. Als Anezka sich daraufhin an den Mann schmiegt, erkennt Franz, dass er die Situation falsch eingeschätzt hat, und verlässt die Garderobe und das Lokal.

Franz' letztes
Treffen mit Freud

Vom Briefträger Pfründner erfährt Franz, dass Professor Freud sich entschlossen hat, zusammen mit seiner Familie am nächsten Tag nach England auszureisen. Franz möchte sich auf jeden Fall persönlich von ihm verabschieden und packt drei Zigarren der edlen Marke Hoyo de Monterey für den Professor ein, bevor er sich auf den Weg zu Freuds Haus macht. Die zwei zivilen Gestapoleute, die vor dem Haus des Psychoanalytikers Wache halten, **verwehren ihm rüde den Besuch bei Freud**. Über die Kohlenluke des Nachbarhauses gelangt Franz schließlich heimlich über Umwege zur Wohnung des Professors. Anna Freud öffnet Franz die Tür und führt ihn durch fast leere Räume zum ehemaligen Behandlungszimmer des Professors, der zugedeckt und zerbrechlich auf einer Couch liegt. Der Professor bestätigt Franz, dass sie nach London ausreisen werden. Als Franz ihm die drei Zigarren zeigt, kehrt Leben in Freud zurück: Eine Zigarre steckt er in die Jackentasche, die anderen beiden wollen sie auf Vorschlag des Professors **gemeinsam auf der Couch sitzend zum Abschied rauchen**. Im Laufe des Gesprächs, bei dem sie auch einen Weberknecht (vgl. Kapitel 3.6 Sprache) an der Decke beobachten, schläft der Professor schließlich ein und Franz verlässt auf Zehenspitzen das Zimmer und das Haus.

4. Juni 1938:
Freud verlässt
Wien mit dem Zug

Am Nachmittag des nächsten Tages – es ist der 4. Juni 1938 – verlässt Freud mit seinen Familienangehörigen Wien, um **mit dem**

Orient Express über Paris in sein Londoner Exil zu gelangen. Franz, dem es gesundheitlich in der vergangenen Nacht sehr schlecht ging, geht zum Abschied zum Bahnhof und beobachtet aus der Ferne, wie die Familie in den Zug einsteigt und der Zug abfährt.

In der darauffolgenden Nacht wird vom mittleren der drei großen Standartenmasten, die vor der Gestapozentrale im ehemaligen Hotel Metropol stehen, die große Hakenkreuzfahne heruntergeholt und **durch eine einbeinige Hose ersetzt**, so erzählt es am nächsten Tag eine Kundin in einem Kaufladen (vgl. S. 237 ff.). Erst am Morgen wird das von der Gestapo entdeckt: Für einen kurzen Augenblick formt sich das Bild der im Wind flatternden einbeinigen Hose im Himmel zu einer Art Zeigefinger, der den Leuten einen Weg weist (S. 242).

Franz Huchels Mutter liegt in der gleichen Nacht in Nußdorf wach. Es überkommt sie eine merkwürdige Unruhe, die sie um den Schlaf bringt. Sie denkt an ihren zudringlichen Arbeitgeber, ein Wirt, ihre Gegenwehr und den Verlust ihrer Arbeitsstelle. Schließlich verlässt sie das Haus, geht im Dunkeln zum See hinunter, lässt sich die Füße vom Wasser umspülen und denkt voll Sorge an ihren Sohn.

Als Franz am nächsten Tag aufsteht und gerade einen Zettel mit einem neuen Traum an die Auslage der Trafik klebt, nähert sich ein dunkler Wagen, der vor der Trafik hält und aus dem drei Männer der Gestapo steigen. Franz erkennt einen der Männer von der Verhaftung Otto Trsnjeks. Nachdem Franz noch gestattet wurde, die Trafik ein letztes Mal abzuschließen, wird er von den Gestapo-Männern mitgenommen.

> Franz wird am 7. Juni 1938 von der Gestapo verhaftet

Fast sieben Jahre später, am 12. März 1945, kommt Anezka zur Trafik und schaut durch die Fensterscheibe ins Innere. Der **Verkaufsraum ist leer** bis auf den Hocker, die Theke und die Wandregale. Als sie gerade im Begriff ist wieder zu gehen, sieht sie den in der Zwischenzeit verblassten und unter einer Staubschicht kaum noch zu lesenden Rest des letzten Traumzettels von

> Zeitsprung: Anezka sucht am 12. März 1945 die Trafik auf

3.2 Inhaltsangabe

Franz und liest ihn sich durch. Sie löst den Zettel von der Scheibe und nimmt ihn mit. Im Weggehen hört sie die sich nähernden alliierten Bomberverbände, die sich von Westen der Stadt Wien nähern, und fängt an zu rennen.

3.3 Aufbau

Zusammenfassung

Der Roman erzählt weitgehend chronologisch die Geschichte des Franz Huchel, der als 17-Jähriger im Spätsommer 1937 nach Wien kommt, sich dort verliebt und Anfang Juni 1938 von der Gestapo verhaftet wird. Verschiedene Handlungsstränge des Romans (Franz und Anezka; Franz und Freud; Franz und seine Mutter) werden mit dem historischen Hintergrund des Nationalsozialismus verknüpft: Die Veränderung des öffentlichen Lebens durch Denunziation, Gewalt, Verhaftungen, Vertreibungen, Deportationen und Mord tragen zur Spannungssteigerung im persönlichen Umfeld der Hauptfigur Franz Huchel bei. Schauplätze des Romans sind Nußdorf am Attersee im Salzkammergut und Wien.

Seethaler hat seinen Roman *Der Trafikant* nicht in Kapitel aufgegliedert, er lässt sich aber ohne große Schwierigkeiten in weitgehend chronologische Erzählabschnitte einteilen: Der Gang der Handlung zwischen Spätsommer 1937 und dem 7. Juni 1938[23] ist linear-sukzessiv angelegt. Zwischendrin sind immer wieder kurze **Rückblenden (Analepsen)[24] und Prolepsen (Vorausdeutungen)** eingestreut: Hauptsächlich Erinnerungen an Franz' Kindheit am Attersee (vgl. beispielsweise S. 53 f. oder S. 99 f.), während sich die Vorausdeutungen mit der sich zuspitzenden politischen Lage in Österreich beschäftigen (vgl. Pestvogel S. 137 oder Schleier; siehe Kapitel 3.6).

Der Roman endet mit einem Zeitsprung und der Schilderung Anezkas vor der leeren Trafik am 12. März 1945 (Zeitsprung) kurz vor der Bombardierung der Stadt Wien durch die Alliierten.

Im Mittelpunkt des Romans steht der 17-jährige Franz Huchel aus Nußdorf im Salzkammergut, dessen Geschichte vor

Chronologie:
1937/1938/1945

Dreh- und
Angelpunkt:
Franz Huchel

---

23 Franz' letzter Traumzettel ist vom 7. Juni datiert (vgl. S. 250). Als er ihn aufhängt, kommt die Gestapo und verhaftet ihn.

24 Erinnerungen in Form von Rückblenden/Flashbacks nennt man auch Analepsen.

3.3 Aufbau

DER TRAFIKANT 1937/1938

NATIONAL-SOZIALISMUS	Briefwechsel Franz + Mutter	Franz + Freud	Franz + Anezka	Franz + Otto Trsnjek
OKTOBER 1937 Zunehmender Antisemitismus in Wien	Treffen mit Freud Verliebtheit von Franz	Franz lernt Freud kennen	Franz lernt Anezka kennen	Franz kommt zu Otto Trsnjek und liest Zeitungen
JAHRES-WECHSEL 1937/1938 Hakenkreuze, Uniformen und Fahnen bestimmen zunehmend das Bild in Wien Veränderungen in Wien und im Salzkammergut durch den Nationalsozialismus	Enttäuschung in der Liebe	Gespräch über die Liebe (Verliebtsein, Liebeskummer), Frauen und Träume	Franz findet Anezka wieder, Liebesnacht Anezka in der „Grotte"	Permanenter Widerstand von Otto Trsnjek: bedient Juden
MÄRZ 1938 Schuschnigg: geplante Volksabstimmung und Rücktritt Anschluss Österreichs an Nazi-Deutschland	Abwesenheit Otto Trsnjeks			Transparent und Selbstmord des „Roten Egon" Verhaftung von Otto Trsnjek
MAI 1938 Juden werden überwacht und verhaftet; Deportation von politischen Gegnern	Tod Otto Trsnjeks		Franz will Anezka vor den Nazis retten und wird enttäuscht	Tod Ottos, Franz erfährt davon brieflich
JUNI 1938		Abschiedsgespräch: Freud emigriert		Franz hisst Trsnjeks Hose und wird verhaftet

dem politischen Hintergrund Österreichs durch den Aufstieg der Nationalsozialisten in den Jahren 1937/38 in Wien erzählt wird.

Franz beginnt in Wien beim Trafikanten **Otto Trsnjek** langsam erwachsen und mündig zu werden (Coming-of-Age-Roman). Unter der kritischen Anleitung von Otto Trsnjek beschäftigt sich Franz mit der Medienlandschaft und den politischen Umständen der Zeit. Schließlich lernt Franz den Juden und Psychoanalytiker **Sigmund Freud** kennen: An ihm lässt sich die Bedrohung der Juden im zunehmenden nationalsozialistischen Umfeld festmachen, die für Freud mit der glücklichen Emigration nach London endet, während andere jüdische Mitbürger spurlos verschwinden, deportiert oder getötet werden.

Spannungssteigerung: Politische Umstände

Die Spannung im Roman steigt weiter an, als Franz im Wiener Prater – auf den Rat Freuds hin (vgl. S. 43) – die drei Jahre ältere Böhmin **Anezka** trifft, in die er sich unglücklich verliebt: Anezka erwidert seine Liebe nicht, immer wieder schleicht sie sich einfach heimlich davon. Die Spannung, ob beide am Ende doch noch zueinanderfinden, bleibt dem Leser des Romans noch eine Weile erhalten.

Immer wieder eingestreut in den Roman ist die **Korrespondenz zwischen Mutter und Sohn**: Im Karten- bzw. Briefwechsel mit seiner Mutter reflektiert Franz die persönlichen Ereignisse in seinem Umfeld (Liebe, Freundschaft) und zeigt die politischen Verhältnisse in Wien auf. Auch vor der scheinbaren ländlichen Idylle des Attersees macht die Gewalttätigkeit des Nationalsozialismus nicht halt, wie die Mutter in ihren Nachrichten schreibt. Nachdem der Platz auf den Postkarten und auch die idyllischen Motive darauf nicht mehr zu den politischen Ereignissen in Wien und Nußdorf passen, wechseln beide zum Briefeschreiben über.

Korrespondenz Mutter und Sohn

Im Frühjahr 1938 spitzen sich die politischen Umstände zu: Die letzte Rundfunkansprache des österreichischen Bundeskanzlers Kurt Schuschnigg am 11. März 1938 und sein anschließender

März 1938: Die Ereignisse spitzen sich zu

Rücktritt ebnen den Weg zum **„Anschluss" Österreichs an das nationalsozialistische Deutschland**. Die Machtergreifung der Nationalsozialisten hat nun auch unmittelbare Folgen für Franz, die Trafik, Otto Trsnjek und den Juden Sigmund Freud. In der Nacht zum 13. März 1938 wird die Trafik verwüstet und die Auslage zertrümmert. Otto Trsnjek wird am gleichen Morgen bei den Aufräumarbeiten in der Trafik von drei Gestapo-Männern misshandelt, verhaftet und stirbt nach zwei Monaten in Gestapohaft in der Nacht zum 14. Mai 1938 (laut Brief vgl. S. 191 f.).

17. Mai: Franz erfährt von Ottos Tod und Heinzis Verhaftung

Mit der Erkenntnis, dass die Nationalsozialisten eine Gefahr für Andersdenkende und andere Rassen darstellen, möchte Franz auch Anezka vor den Nationalsozialisten warnen. Er sucht sie am 17. Mai 1938 in der „Grotte" auf. Dort wird seine **letzte Hoffnung auf ein gemeinsames Glück mit Anezka zerstört**, als er erkennen muss, dass sie nun mit einem SS-Mann liiert ist und Franz' Hilfe nicht benötigt. Zudem erfährt Franz von der Verschleppung Heinzis wegen seiner Hitler-Witze und befürchtet dessen Ermordung analog zur Geschichte Otto Trsnjeks.

Höhepunkt: Juni 1938

Am 3. Juni 1938 erfährt Franz, dass es auch für den hochbetagten Juden Sigmund Freud zu gefährlich in Wien geworden ist und er am 4. Juni nach London emigrieren wird. Ohne Otto Trsnjek, ohne Sigmund Freud und ohne Anezka setzt **Franz Huchel ein Zeichen gegen die Nationalsozialisten**: Mutig hisst er in der darauffolgenden Nacht zum 5. Juni 1938 Otto Trsnjeks einbeinige Hose am mittleren Fahnenmast vor dem Gestapo-Hauptquartier. Und er weiß genau, dass die Gestapo dieses Zeichen bis zu ihm verfolgen kann und welche Konsequenzen dies haben könnte. Am Morgen des 7. Juni wird auch Franz Huchel von der Gestapo verhaftet, sein Schicksal bleibt offen. Vermutlich hat er diese mutige Tat schließlich mit seinem Leben bezahlt.

Offenes Ende: Was wurde aus Franz? Was wird aus Anezka?

Der Roman endet, nach einem Zeitsprung zum 12. März 1945, als Anezka einen Blick in die leere Trafik wirft und Franz' letzten Traumzettel abnimmt. Beim Weggehen hört sie die Motorengeräusche der alliierten Bomberverbände. Vermutlich war Franz

nach dem 7. Juni 1938 nicht mehr in der Trafik und wurde ebenfalls ermordet. Ob Anezka die bevorstehende Bombardierung
überlebt, lässt der Roman ebenfalls offen.

In dem Roman sind also, wie oben dargestellt, verschiedene
Handlungsstränge ineinander verwoben:

Franz im
Mittelpunkt

- **Franz' erste Liebe zu Anezka**, die einen Hoffnungsschim-
  mer der Normalität darstellt und dennoch im Laufe des
  Romans ein jähes Ende nimmt (vgl. auch Kapitel 3.7).
- **Franz' Freundschaft zum Juden Sigmund Freud**, der als jü-
  discher Bürger zunehmend unter den nationalsozialistischen
  Schikanen leidet und schließlich emigriert.
- Das **Erwachsenwerden des naiven Franz Huchel in Wien
  (Coming-of-Age-Roman):** begleitet von dem politisch wachen Otto Trsnjek, der sich vor den Nationalsozialisten nicht
  versteckt, und als Mentor an der Seite von Franz steht.
- Der Karten- bzw. Briefwechsel zwischen **Franz Huchel und
  seiner Mutter**, der sowohl die persönlichen als auch die
  politischen Ereignisse reflektiert.
- Der zunehmende politische **Einfluss der Nationalsozialisten**
  wirkt als Katalysator im Roman: Die Spannung der Handlung
  steigt stetig und rasant an bis kurz nach dem „Anschluss"
  Österreichs an das Deutsche Reich. Die jüdischen Mitbürger
  werden aus den Geschäften und der Öffentlichkeit getrieben,
  flüchten ins Exil wie Sigmund Freud oder werden – ebenso
  wie Kritiker des Systems wie Otto Trsnjek oder der „Rote
  Egon" – von der Gestapo getötet oder in den Selbstmord
  getrieben.

3.3 Aufbau

Chronologie der Handlung

Zeit	Handlung
Spätsommer 1937 (S. 7)	Nußdorf am Attersee im Salzkammergut: Tod von Alois Preininger (Rückblick: Alois Preininger und Franz' Mutter). Franz Huchel reist als 17-Jähriger nach Wien.
Spätsommer 1937	Wien: Franz beginnt beim Trafikbesitzer Otto Trsnjek eine Lehre und wohnt in der Trafik.
Anfang Oktober 1937 (S. 35)	Franz lernt den Psychoanalytiker Sigmund Freud als Kunden der Trafik kennen und freundet sich mit ihm an.
Ein Samstag im Oktober 1937 (S. 47)	Franz lernt auf dem Wiener Prater die drei Jahre ältere Böhmin Anezka kennen und verliebt sich (S. 51 ff.).
Dezember 1937 (S. 67)	Gespräch zwischen Franz und Freud: Über die Liebe, Frauen und Träume (S. 69 ff.).
1. Januar 1938 (S. 82)	Franz erfährt Anezkas Aufenthaltsort. Zusammen verbringen sie die Nacht in der Trafik (S. 91 ff.).
Einige Wochen später, 1938 (S. 96)	Anezka kommt nachts zu Franz in die Trafik.
3 Wochen später, 1938 (S. 96)	Franz verfolgt Anezka und erfährt, dass sie im Nachtlokal „Zur Grotte" auftritt. Es kommt zum Streit.
10. März 1938 (S. 121)	Franz und Freud spazieren in den Volksgarten (S. 125 ff.).
11. März 1938 (S. 143)	Der „Rote Egon" hört Schuschniggs Ansprache im Radio, entrollt ein Transparent und springt in den Tod.
12. März 1938 (S. 145)	Otto Trsnjek im Gespräch mit Franz Huchel über den Tod des „Roten Egon" (S. 145 ff.; Medien/ Propaganda).
12./13. März 1938	12. März: Einmarsch der Deutschen in Österreich und tags darauf (13. März) erfolgt der offizielle „Anschluss" ans Reich.
13. März 1938 (S. 152)	Die Trafik wird in der Nacht auf den 13. März verwüstet und am Morgen wird Otto Trsnjek von der Gestapo verhaftet (S. 152 ff.).

Zeit	Handlung
14. Mai 1938 (S. 192)	Otto Trsnjek stirbt (lt. Brief vom 16. Mai, vgl. S. 191 f.).
15. Mai 1938 (S. 192)	Otto Trsnjek wird beerdigt (lt. Brief vom 16. Mai, vgl. S. 191 f.).
17. Mai 1938 (S. 185)	Franz erhält den Gestapo-Brief und erfährt vom Tod Otto Trsnjeks. Er macht Fleischermeister Roßhuber für Ottos Schicksal verantwortlich. Franz will Anezka warnen. Er erfährt, dass Heinzi verschleppt wurde und dass Anezka mit einem SS-Mann liiert ist. (S. 190 ff.)
3. Juni 1938 (S. 213)	Franz erfährt vom Briefträger, dass Sigmund Freud ins Exil geht. Letztes Gespräch zwischen Franz und Freud. (S. 209 ff.)
4. Juni 1938 (S. 230)	Sigmund Freud verlässt mit seiner Familie Wien Richtung London. Franz beobachtet die Abreise.
[5.[25]] Juni 1938 (S. 238)	Franz ersetzt in der Nacht auf den 5. Juni die mittlere NS-Flagge vor dem Gestapo-Hauptquartier durch Otto Trsnjeks Hose.
7. Juni 1938 (S. 250)	Franz Huchel wird am Morgen von der Gestapo verhaftet.
12. März 1945 (S. 247)	Zeitsprung: Anezka findet die Trafik verschlossen vor. Beim Weggehen hört sie Motorengeräusche der alliierten Bomberverbände.

---

25 Das Datum lässt sich im Roman nicht zweifelsfrei bestimmen. Es ist aber anzunehmen, dass die Gestapo zumindest einen Tag benötigt, um die Hose zu identifizieren und auf Franz als Täter zu kommen.

3.4 Personenkonstellation und Charakteristiken

Zusammenfassung

Franz Huchel:

- geboren am 7. August 1920
- Einzelkind aus bescheidenen Verhältnissen
- lebt bis zum 17. Lebensjahr bei seiner Mutter im Salzkammergut und wird dann nach Wien geschickt
- lernt in der Trafik von Otto Trsnjek den Juden Sigmund Freud kennen
- naiv in seiner Offenheit, jedoch nicht dumm
- verliebt sich unglücklich in die Böhmin Anezka

Otto Trsnjek:

- einbeiniger Kriegsversehrter und Trafikant in Wien
- frühere Beziehung zu Franz' Mutter
- politisch interessiert, steht zu seiner Meinung
- wird von der Gestapo verhaftet und stirbt am 14. Mai 1938

Sigmund Freud:

- Jude und berühmter Psychoanalytiker
- Kunde in Otto Trsnjeks Trafik
- freundet sich mit Franz Huchel an
- emigriert nach London

Anezka:

- 20-jährige Böhmin, Tänzerin in der „Grotte"
- wechselnde Liebschaften, u. a. auch mit Franz Huchel
- ist im Leben auf eigenen Vorteil bedacht
- Nazi-Bekanntschaft, um sich zu retten

Franz Huchels Mutter:
- alleinerziehend
- Alois Preininger finanziert sie bis zu seinem Tod
- liebt ihren Sohn und vermisst ihn
- schickt ihm regelmäßig Postkarten und Briefe

Nebenfiguren sind:
- Alois Preininger (Geliebter der Mutter)
- Fleischermeister Roßhuber (Nachbar Trsnjeks)
- Conférencier Heinzi (Monsieur de Caballé)
- „Roter Egon" (Hubert Panstingl)
- Briefträger Heribert Pfründner
- Freuds Tochter Anna
- Mrs. Buccleton (Patientin Freuds)
- Praterkellner
- Gestapomann
- SS-Mann (Freund Anezkas)

Franz Huchel

ist die Hauptfigur in Robert Seethalers Roman *Der Trafikant* und steht zu allen weiteren Personen in Beziehung (vgl. Schaubild S. 48). Am 7. August 1920 (S. 192) geboren, ist er ein Einzelkind aus bescheidenen Verhältnissen und lebt bis zum Alter von 17 Jahren zusammen mit seiner alleinerziehenden und fürsorglichen Mutter im beschaulichen Nußdorf am Attersee im Salzkammergut. Sein leiblicher Vater, ein Waldarbeiter aus Bad Goisern[26], starb wenige Tage vor Franz' Geburt: Er wurde von einer morschen Stileiche erschlagen (S. 172).

Behütete Kindheit im Salzkammergut

---

26 Kleine Ungenauigkeit von Autor Seethaler: Bad Goisern führt den Beinamen „Bad" erst seit 1951 und nicht schon im Jahr 1937.

3.4 Personenkonstellation und Charakteristiken

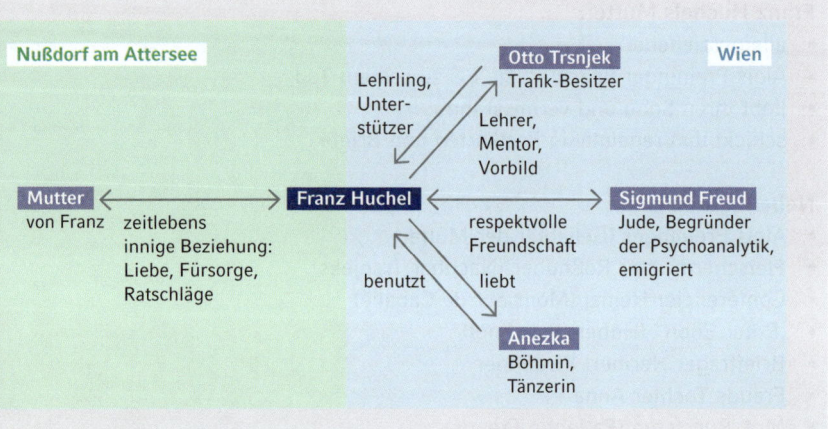

Vom Land, aber nicht unbeholfen

Schließlich wird Franz nach der Beerdigung von Alois Preininger, der seine Geliebte Frau Huchel bis zu seinem Tod finanziell unterstützte, von seiner Mutter in die Trafik von Otto Trsnjek nach Wien geschickt, um dort als Lehrling zu arbeiten. In Wien pulsiert das Leben und **der naive Franz vom Land** mit seinen „weichen Mädchenhänden" (S. 19) ist schon nach seiner Ankunft am Wiener Westbahnhof überwältigt, denn „die Stadt brodelte wie der Gemüsetopf auf Mutters Herd" (S. 20) und „er musste sich am nächsten Gaslaternenmast festhalten" (S. 19; vgl. auch Prüfungsaufgabe 1, S. 112). Auf die Frage einer Dame nach seinem Befinden und ihrem Rat, gleich wieder zurückzufahren, antwortet er trotzig: „Es gibt kein Zurück, und außerdem gewöhnt man sich an alles." (S. 21) Und das scheint auch Franz' Lebensmotto zu sein. Traut man es ihm, dem „Burschi" vom Land, auch erst nicht zu, bietet er im Fortgang der Romanhandlung jeder Schwierigkeit die Stirn und lässt sich auch von den Nationalsozialisten nicht einschüchtern. Aus dem „Burschi" wird „Franz Huchel" (Coming-of-Age-Roman): „Mit Verlaub, ich bin kein Burschi, und heißen tu ich Franz Huchel!" (S. 157)

Franz und seine Mutter

Einmal pro Woche schreiben sich Franz und seine Mutter An- Inniges Verhält-
sichtskarten (vgl. S. 33), Franz' Karten zeigen wechselnde Wiener nis zur Mutter
Motive, die Karten der Mutter bilden in Variationen immer den
Attersee ab. Zu seiner Mutter steht Franz in einem innigen Verhältnis: Ihr erzählt er von den Begebenheiten in Wien und auch
seinem Liebeskummer. Nach Ottos Verhaftung schreibt ihr Franz
den ersten Brief, der sehr umfangreich wird und sehr persönlich
gehalten ist (S. 161 ff.). Die Mutter erkennt, dass Franz langsam zum Mann wird und im Leben angekommen ist (Coming-
of-Age-Roman). Sie unterschreibt ihren Antwortbrief nicht mehr
mit „Deine Mama" (wie auf den Postkarten), sondern mit „Deine
Mutter", denn wie auch Franz feststellt: „Kinder haben Mamas,
Männer haben Mütter." (S. 172) Franz' fürsorgliche Haltung gegenüber seiner Mutter wird deutlich, wenn er ihr im ersten Brief
(S. 161 ff.) die Verhaftung Otto Trsnjeks und im zweiten die tatsächlichen Umstände seines Todes verheimlicht (vgl. S. 196 f.).
Auf seinen ersten Brief hin öffnet sie sich plötzlich ihrem Sohn
gegenüber wie einem erwachsenen Freund und schreibt u. a. von
ihren Schwierigkeiten mit dem zudringlichen Wirt (vgl. S. 168 ff.).
Ein inneres Band scheint Mutter und Sohn denn auch in der Ferne
zu verbinden, wenn Frau Huchel in der Nacht, in der Franz die
Hose hisst, starke Unruhe wegen Franz verspürt: „‚Mein Bub',
sagte sie und schloss die Augen. ‚Wo bist du, mein Bub?'"
(S. 244)

Franz und Sigmund Freud

Mit **Sigmund Freud**, einem jüdischen Stammkunden in der Tra- Bekanntschaft
fik, freundet sich Franz schnell an. Als der alte Professor ihm mit Professor
den Rat gibt, sich zu amüsieren und ein Mädchen zu suchen Sigmund Freud,
(S. 43 f.), wird Franz klar, dass Freud endlich das ausgespro- Begründer der
chen hatte, „was ihm schon seit langer Zeit, im Grunde genom- Psychoanalyse
men schon seit dem Tag, an dem seine ersten Schamhaare zaghaft zu sprießen begonnen hatten, sowohl das Hirn als auch

das Herz umrührte" (S. 44). Wiederholt sucht er daraufhin die Nähe von Freud und seinen Rat in Liebensdingen: Er soll nicht mehr über die Liebe nachdenken, nach dem Aufwachen alle Träume aufschreiben und sich das Mädchen zurückholen oder vergessen (S. 78), rät ihm Freud, als Franz Liebeskummer hat, obwohl auch Freud in Liebesdingen alles andere als versiert erscheint.

Freundschaft auf Augenhöhe

Während Franz, der „aufdringliche" (S. 43) Lehrbub, dem Professor anfangs noch lästig zu sein scheint, wandelt sich die Beziehung der beiden mit zunehmender Romandauer: Franz lässt sich vom Judenhass in Wien nicht anstecken und sucht nach wie vor den Kontakt zum Juden Freud – ebenso wie sein Vorbild Otto Trsnjek. Franz verbringt viel Zeit mit Freud (vgl. S. 163), sie sprechen über das Weltgeschehen, die Psychoanalyse und die Liebe (vgl. S. 130–142), wobei Franz bemerkenswerte Einsichten in das Wesen der Psychoanalyse beweist (vgl. S. 141). Schließlich begegnen sich beide, Franz und der Professor, nahezu auf Augenhöhe: aus dem Lehrbub ist ein Freund geworden, während Freud im nationalsozialistischen Wien immer mehr isoliert ist. Auch von der Gestapo lässt sich Franz nicht abhalten und besucht Freud unter widrigen Umständen vor dessen Emigration nach London ein letztes Mal (vgl. S. 213 ff.). Sie rauchen eine Zigarre zusammen und Franz hofft kurz auf eine bessere Zukunft: „Und Sie kommen ja zurück. In jedem Fall und ganz bestimmt kommen Sie zurück. Weil Heimat ist Heimat, und Zuhause ist Zuhause. Und irgendwann wird sich der Hitler wieder beruhigt haben. Und alle anderen auch. Und alles wird wieder so sein wie früher. Oder was meinen Sie, Herr Professor?" (S. 228) Passend zur weltpolitischen Lage bleibt ihm Freud die Antwort jedoch schuldig: Der Professor ist eingeschlafen und antwortet nicht mehr. Am nächsten Tag, dem 4. Juni 1938, beobachtet Franz Freuds Abreise aus der Ferne. Beim Verlassen des Bahnhofs erinnert er sich an die Gaslaterne, an der er sich gleich nach seiner Ankunft in Wien festklammerte. Und plötzlich wird ihm bewusst, dass es diesen Buben nicht mehr gibt: „Weg war der." (S. 236) Franz ist endgültig erwachsen geworden (Coming-of-Age-Roman).

Franz und Anezka

Ein weiteres Indiz für Franz' Entwicklung im Laufe des Romans ist sein Verhältnis zu Frauen. Auf Freuds Rat hin ist er zum Wiener Prater gefahren, um seine Absicht, endlich ein Mädchen kennenzulernen, in die Tat umzusetzen. In der Schiffschaukel entdeckt er schließlich, kurz bevor er schon aufgeben möchte, **Anezka, ein 20-jähriges böhmisches Mädchen**. Sie verbringen den Abend zusammen und Franz verliebt sich in die Böhmin mit der Zahnlücke. Als Anezka, in Liebesdingen alles andere als unerfahren, ihm an diesem Abend ein zweideutiges Angebot macht, das Franz aufgrund seiner Unerfahrenheit nicht versteht, verlieren sie sich jedoch wieder aus den Augen. Franz kann Anezka aber nicht vergessen und sucht sie immer wieder (vgl. S. 64), bis er sie schließlich in einem abrissreifen Haus in der Rotensterngasse im zweiten Bezirk findet.

Franz: unerfahren in Liebesdingen

Die „Beziehung" zwischen beiden gleicht in der Folgezeit einer Achterbahnfahrt: Anezka taucht auf, weiht Franz in die Geheimnisse der körperlichen Liebe ein und verschwindet wieder. Sie ist an einer dauerhaften Beziehung, wie Franz sie sich wünscht, nicht interessiert (vgl. auch Kapitel 3.7). Enttäuscht muss Franz in der „Grotte" feststellen, dass sich Anezka vor fremden Männern als Tänzerin auszieht („Ich geheer zu keinem. Nicht einmal zu mir selber!"; S. 113). Bis zuletzt hofft der 17-Jährige auf ein „Happy End" mit der drei Jahre älteren Anezka. Voller Angst will Franz sie schließlich vor der drohenden Gefahr des Nationalsozialismus retten und bietet ihr eine gemeinsame Zukunft an. Desillusioniert muss er aber feststellen, dass Anezka nur auf ihren Vorteil bedacht ist und sich demjenigen zuwendet, der ihr am meisten nutzt: in diesem Fall ein SS-Mann (vgl. S. 206 ff.). Sie gehört zu den klassischen Mitläufern der Nazi-Zeit.

Anezka will keine feste Beziehung mit ihm

Franz und Otto Trsnjek

Aus anderem Holz geschnitzt als Anezka ist Franz' Arbeitgeber, **Otto Trsnjek**. Ohne großes Lamentieren lässt er Franz, den ihm unbekannten Sohn einer früheren Geliebten, zu sich nach Wien kommen, um ihn auszubilden. In der Trafik von Otto Trsnjek wird Franz als hauptsächlicher Arbeitsplatz der kleine Hocker neben der Eingangstür zugewiesen (S. 24). Seine Aufgabe besteht darin, dort ruhig zu sitzen, auf Anweisungen zu warten und ansonsten etwas für „Hirn und Horizont" (S. 25) zu tun, sprich Zeitung zu lesen. Otto Trsnjek legt Wert darauf, dass sein Lehrbub über das Weltgeschehen informiert ist, um die Kunden gut beraten zu können (S. 25) und sich seine eigene Meinung zu bilden. Als Wohn-, Bade- und Schlafzimmer stellt er Franz eine kleine Lagerkammer direkt hinter dem Verkaufsraum zu Verfügung.

Trsnjek: „...wenn ich mich aufregen will, lese ich Zeitung." (S. 69)

Während ihm Otto Trsnjek in Liebesdingen keine große Hilfe ist (vgl. S. 67 ff.), ist er in gesellschaftspolitischer Hinsicht für den 17-jährigen Franz ein Mentor und Vorbild. Trsnjek lässt sich weder von Nazi-Hetzblättern beeinflussen noch von gegen ihn gerichteten nationalsozialistischen Taten wie der Verunstaltung der Trafik mit Hühnerblut (vgl. S. 60 ff.) und dem nächtlichen Tierkadaver-Angriff (S. 152 f.), beides mit antisemitischen Parolen verbunden, einschüchtern.

Und irgendwann gehen auch dem bis dato recht naiven Franz, bisher hauptsächlich mit seinem Liebeskummer beschäftigt, die Augen auf. Während des Gesprächs mit Freud im Volksgarten wird Franz Huchel plötzlich klar, dass er ein „riesengroßer Depp" (S. 137) ist: Er, gegenüber allem aufgeschlossen und interessiert, fragt sich plötzlich, was seine „dummen, kleinen Sorgen überhaupt für eine Berechtigung haben neben diesen ganzen verrückten Weltgeschehnissen" (S. 138).

Der Tod des „Roten Egon": Medienpropaganda

Eine Bestätigung für diese Sichtweise erfährt er kurze Zeit später von Otto Trsnjek, der ihn mit dem Tod des Sozialdemokraten Hubert Panstingl („Roter Egon") konfrontiert und sich erbost darüber äußert, dass die Zeitungen durchweg falsch von dem

Ereignis berichtet hätten.[27] Eigentlich ist es ja schon merkwürdig, denkt Franz, „wie die Zeitungen ihre ganzen Wahrheiten in großen, dicken Lettern herausposaunen, nur um sie dann gleich in der nächsten Ausgabe wieder kleinzuschreiben, respektive über den Haufen zu werfen. Die Wahrheit der Morgenausgabe ist praktisch die Lüge der Abendausgabe" (S. 149).

Alles um Franz herum scheint ihn immer mehr aufzuwühlen. Nach der Zerstörung der Trafik durch Nationalsozialisten stürmen drei Gestapomänner in die Trafik und wollen Otto Trsnjek wegen der unerlaubten Verbreitung pornografischer Schriften verhaften. Franz ist durch die Geschehnisse um sich herum erwachsen geworden und stellt sich den Männern mutig in den Weg. Er kann in der Zwischenzeit zwischen Gut und Böse unterscheiden und behauptet: „Die Heftln gehören mir! Die hab ich mir gekauft! Alle miteinander! Weil ich mir so was eben manchmal gerne anschau! [...] Das Beste wird also sein, Sie nehmen mich gleich mit aufs Revier oder auf die Wachstube oder sonst irgendwohin." (S. 156 f.) Trotz dieses Einsatzes – dumm oder mutig? – wird Otto Trsnjek verhaftet.

> **Otto Trsnjeks Verhaftung**

Die Trafik läuft nach Otto Trsnjeks Festnahme schlecht und Franz liest auch kaum noch Zeitungen, denn „die Zeitungen waren sowieso fast ausschließlich mit denselben, immer wiederkehrenden Inhalten gefüllt. [...] Es war als ob die Redaktionen sich jeden Tag zu einer einzigen, riesigen Konferenz versammelten, um zur Wahrung einer scheinbaren Objektivität wenigstens die Überschriften untereinander abzustimmen." (S. 166) Franz erkennt, dass alle „ganz vernarrt und blöd nach diesem zackigen Mann mit dem Rauhaarbärtchen" (S. 166) sind.

> **Nationalsozialismus: Rolle der Medien**

Der Tod von Otto Trsnjek, von dem Franz aus einem offiziellen Brief der Sicherheitspolizei erfährt (S. 191 f.), bewegt Franz, bisher Zeitungsleser und Zuschauer, zum Handeln. Die Hose des toten Trafikanten wird dabei zum Symbol seines Rachefeld-

> **Franz Huchel handelt und hisst Otto Trsnjeks Hose**

---

27 Vgl. auch Prüfungsaufgabe 4, S. 119.

zugs. Zuerst sucht Franz Fleischer Roßhuber und dessen Frau auf, konfrontiert sie mit dem Tod von Otto Trsnjek und macht sie direkt dafür verantwortlich (vgl. S. 193 ff.). Anschließend macht er sich auf dem Kahlenberg Gedanken über diese Welt: „Wer das Gesindel vom Straßenpflaster fegt und die jüdischen Ratten aus ihren Löchern bläst, wer Hakenkreuze ins Seeufer pflanzt und einen Dampfer ‚Heimkehr' nennt, wer Trafikanten erschlägt und Mütter auf ungemachte Betten wirft, wer tagsüber am Heldenplatz eine Legion von Händen gegen den Himmel reckt und abends brüllend durch die Gassen rennt, der würde auch das Riesenrad aus seinen Angeln heben oder eine kleine, grüne Grotte in den Erdboden stampfen." (S. 201 f.) Franz will daraufhin Anezka warnen, wird jedoch über sie und seine Liebe zu ihr endgültig desillusioniert (vgl. S. 202 ff.). Zusammen mit der Abreise von Professor Freud (S. 232) bestärkt dies Franz noch mehr in seiner Einsicht, jetzt handeln zu müssen: Er ist bereit, für die Gerechtigkeit zu kämpfen, und setzt ein Zeichen gegen den ungerechten und unbarmherzigen Nationalsozialismus: Franz hisst Otto Trsnjeks einbeinige Hose vor dem Gestapo-Hauptquartier: „Wie ein riesiger Zeigefinger, der den Leuten den Weg weist." (S. 242) Am 7. Juni wird Franz daraufhin von der Gestapo aus der Trafik abgeholt und kehrt nicht mehr zurück.

Otto Trsnjek

ist seit 1919 Besitzer einer Trafik im neunten Wiener Gemeindebezirk an der Währingerstraße und verkauft Zeitungen, Zeitschriften, Schreibwaren und Tabakwaren (S. 22). 1917 hat er im 1. Weltkrieg ein Bein verloren (S. 63) und kann sich seitdem nur mit zwei Krücken unter den Achseln fortbewegen (S. 23), ein schwerer Einschnitt in seinem Leben: „mit dem Bein ist auch meine Jugend im Schützengraben liegen geblieben" (S. 69).

Nach dem Tod des reichen Sägewerksbesitzers Alois Preininger wird Franz Huchel von seiner Mutter als Lehrling zu Trsnjek geschickt, mit dem sie vor langer Zeit („ein halbes Menschenleben", S. 69) eine Affäre hatte und der ihr aus dieser Zeit noch einen Gefallen schuldig ist (S. 15). Er lebt sehr einsam, in einer Partnerschaft steht er nicht: „In dieser Beziehung habe ich meine Ruhe" (S. 69), sein Warensortiment bezeichnet er als seine Freunde und seine Familie (S. 24). Weiter erfährt man nichts Persönliches von ihm, weder, wo er wohnt, noch, was er nach Ladenschluss tut.

Wenn Otto Trsnjek nicht gerade Kunden bedient und seine Buchführung erledigt, liest er die Zeitungen in seiner Trafik, denn das ist überhaupt „das einzig Bedeutsame und Relevante am Trafikantendasein" (S. 25). Die meisten seiner Kunden sind Stammkunden. Seinen männlichen Stammkunden verkauft er auf besonderen Wunsch auch „zärtliche Magazine" (vgl. S. 33), die sich in einer unauffälligen und stets verschlossen gehaltenen Schublade unter der Verkaufstheke befinden: „Ein guter Trafikant verkauft Genuss und Lust – und manchmal Laster!" (S. 33) Diese Hefte werden Trsnjek schließlich zum Verhängnis und dienen als fadenscheiniger Grund seiner Verhaftung durch die Gestapo.

Gebildeter Zeitungsleser

Trsnjek erweist sich im weiteren Verlauf des Romans als Menschenkenner und -freund. Der Stammkunde Sigmund Freud wird von Otto Trsnjek besonders zuvorkommend und respektvoll bedient. Auch als die Nationalsozialisten die jüdischen Mitbürger wie Freud immer mehr aus der Öffentlichkeit verdrängen und anfeinden, behandelt Trsnjek die Juden gleichbleibend freundlich. Persönlich macht Trsnjek die ersten schlechten Erfahrungen im Zuge des aufkommenden Nationalsozialismus eines Morgens, als er vor seiner Trafik wutentbrannt mit dem Fleischermeister Roßhuber in Streit gerät. Diesen macht er dafür verantwortlich, die Ladenfront mit einer rotbraunen Flüssigkeit beschmiert und an der Auslagenscheibe den Spruch „SCHLEICH DICH, JUDENFREUND!" angebracht zu haben (S. 61): Nach Aussage Trsnjeks hat sein Nachbar und Nazi Roßhuber „Scheiße im Hirn und die schwarze Gemeinheit im Herzen" (S. 62). Er beschimpft aber auch die gaffende, schweigende Masse.

„Judenfreund"

3.4 Personenkonstellation und Charakteristiken

Lügenpresse

Nach der letzten Rundfunkansprache des scheidenden österreichischen Bundeskanzlers Schuschnigg (vgl. Kapitel 2.2) am 11. März 1938 liest Trsnjek Franz am nächsten Morgen wütend und aufgebracht aus der *Reichspost* vor. Er weiß, dass der dort geschilderte „feige Anschlag" auf die „Geistesfreiheit unseres Reiches" (S. 146), angeblich begangen durch den Bolschewisten Hubert Panstingl, reine Erfindung ist. Die Waffe, die dabei angeblich im Spiel gewesen sein soll, hat es nie gegeben, denn der „Rote Egon hat sich doch die Butter lieber mit den Fingern aufs Brot geschmiert, als ein Messer anzurühren" (S. 147 f.). Trsnjek bezeichnet den Zeitungsartikel als ein „verlogenes und obendrein ungeschickt hingesudeltes Gestammel einer deutschtümeligen Drecksjournaille" (S. 147). In dieser Szene zeigt sich, dass Trsnjek auch außerhalb der Medien gut informiert ist. Er kennt den tatsächlichen Wortlaut des Transparents: „DIE FREIHEIT EINES VOLKES BRAUCHT DIE FREIHEIT SEINER HERZEN: ES LEBE DIE FREIHEIT! ES LEBE ÖSTERREICH!" (S. 148) Ob es sich bei Trsnjek, der bis zuletzt Zivilcourage zeigt, um einen aktiven Widerstandskämpfer handelt, lässt Seethalers Roman offen.

Otto Trsnjek wird verhaftet und kommt zu Tode

Der Einmarsch der deutschen Nationalsozialisten in Österreich am 12. März 1938 hat in der Nacht auf den 13. März – dem Tag des „Anschlusses" – einen weiteren Anschlag auf die Trafik zur Folge („HIER KAUFT DER JUD!"; S. 152). Beim Aufräumen der Trafik am nächsten Morgen zusammen mit Franz erhält Trsnjek Besuch von drei Gestapo-Männern. Sie halten ihm vor, pornografische Schriften zu besitzen und in der Trafik an Juden zu verkaufen, und misshandeln ihn schwer. Die angebotene Hilfe von Franz, die Schuld auf sich zu nehmen, lehnt Trsnjek ab. Aus Verzweiflung und aus Angst um Franz' Leben betitelt er ihn als „Trottel" und befiehlt ihm zu schweigen (S. 156 f.). Otto Trsnjek wird verhaftet und u. a. wegen „des Verdachts der staatsfeindlichen Betätigung" angeklagt (S. 192). Er stirbt nach zwei Monaten in der Nacht zum 14. Mai in der Gestapo-Leitzentrale (S. 192).

Sigmund Freud

Sigmund Freud, Jude und Professor der Psychoanalyse, ist Stammkunde in der Trafik von Otto Trsnjek. Er ist über achtzig (S. 119), seit vierzig Jahren krank (S. 218), „nicht besonders groß und ziemlich schmächtig, eigentlich sogar dürr" (S. 34), trägt einen weißen Bart, hat hin und wieder Probleme mit seiner Kieferprothese[28], die ihm Schmerzen bereitet, und bewegt sich mit einem Gehstock fort. An einem trübgrauen Montagvormittag im Oktober 1937 betritt Freud Trsnjeks Trafik und kauft 20 Zigarren der Marke „Virginia" und ein Exemplar der *Neuen Freie Presse*. An diesem Vormittag lernt er dort den Trafiklehrling Franz erstmals kennen, der ihm von Otto Trsnjek vorgestellt wird (S. 37), und führt ein kurzes Gespräch mit ihm über das Salzkammergut. Als Sigmund Freud in der Trafik seinen Hut versehentlich liegenlässt und Franz ihn nachträgt, unterhalten sich beide auf dem Weg zu Freuds Haus in der Berggasse Nr. 19 (S. 45). Dort wohnt Freud zusammen mit seiner Frau Martha und Tochter Anna.

Zusammentreffen von Freud und Franz Huchel

An einem Sonntag kurz vor Weihnachten 1937 bemerkt Anna, dass Franz draußen vor dem Haus des Professors schon seit Stunden auf einer kalten Holzbank sitzt und offensichtlich auf ihn wartet (S. 71 f.). Der Professor verlässt daraufhin sein Haus und setzt sich zu Franz auf die Holzbank. Dieser erhofft sich Ratschläge in Liebesangelegenheiten, die er widerwillig von Freud bekommt: „Erstes Rezept [...]: Hör auf, über die Liebe nachzudenken. Zweites Rezept [...]: Leg dir Papier und Feder neben das Bett und schreib sofort nach dem Aufwachen alle Träume auf. Drittes Rezept [...]: Hol dir das Mädchen wieder – oder vergiss sie!" (S. 78)

Freuds Ratschläge in Sachen Liebe

Dennoch bleiben die Ratschläge Freuds in Seethalers Roman an der psychologischen Oberfläche, was in Bezug auf Franz sicherlich der Tatsache geschuldet ist, dass sie Freunde sind und nicht in einem Patient-Arzt-Verhältnis stehen. Bei Freuds Patientin

---

28 Die reale Person Sigmund Freud litt an Gaumenkrebs, siehe dazu S. 19 dieser Erläuterung, und trug daher eine Prothese.

3.4 Personenkonstellation und Charakteristiken

Mrs. Buccleton verhält sich das anders, hier kommt vielleicht auch Freuds Alter ins Spiel. Er fühlt sich „in letzter Zeit [...] oft überfordert von den erschöpfenden Stunden mit seinen Patienten [...]. Wie hatte er jemals auf die geradezu absurde Idee kommen können, diese Leiden verstehen zu wollen oder sie gar lindern zu können?" (S. 117)

Im Vordergrund steht bei der Figur von Sigmund Freud die bedrohliche Sicherheitslage der Juden im zunehmend national-sozialistischen Österreich. Freud wird bespitzelt, seine Post wird geöffnet und zum Teil einkassiert (S. 188). Der kommenden Katastrophe ist er sich bewusst (S. 137), im Gegensatz zu vielen Leuten, die noch gar nicht begriffen hätten, „dass unter ihnen die Erde glühte" (S. 122). Franz reißt ihn immer wieder aus seinen schweren Gedanken. Freud mag den jungen Franz – obwohl er sich sonst „in Gegenwart sogenannter einfacher Leute immer ein wenig unbeholfen und deplatziert gefühlt hatte" (S. 122) –, denn in Franz pulsiert „das frische, kraftvolle und obendrein noch ziemlich unbedarfte Leben" (S. 123), während er und seine Umgebung vergreist und versteinert. Freud deutet Franz gegenüber auch an, dass die Zukunft nichts Gutes verheißt, und macht ihn auf den „Pestvogel"[29] (S. 137; vgl. auch Kapitel 3.6 Sprache) aufmerksam.

Emigration nach London

Sigmund Freud wollte eigentlich in seinem betagten Alter Wien nicht mehr verlassen. Die sich zuspitzende politische Situation, verbunden mit seiner Verfolgung und dem Abtransport von Juden, belehren ihn jedoch eines Besseren: Er will zusammen mit seiner Familie nach London emigrieren. Beim letzten Zusammentreffen in der leergeräumten Wohnung wirkt der Professor auf Franz noch zerbrechlicher als sonst. Freuds Familie gelingt – im Gegensatz zu vielen anderen Juden (vgl. S. 186 f.) – die Abreise mit dem Zug nach Paris und schließlich London: „[...] die

---

29 Gemeint ist ein sogenannter „Seidenschwanz"-Vogel, der älteren Generationen als böses Vorzeichen gilt.

Ausreise war für sie nicht mehr und nicht weniger als die letztendlich doch noch gelungene Flucht vor den Nationalsozialisten" (S. 232).

Anezka

Franz lernt Anezka im Wiener Prater kennen, als er sie in der Gondel der Schiffsschaukel entdeckt (S. 50 f.). Sie ist 20, Böhmin, hat „die schönste Zahnlücke der Welt" (S. 75) und „ein rundes Mädchengesicht, [...] umrahmt von einem Strahlenkranz strohblonder Haare" (S. 50). Zusammen gehen sie an einen Schießstand und anschließend ins Schweizerhaus zum Tanzen. Als Anezka Franz die anspielende Frage stellt: „Haben wir gesoffen, haben wir getanzt – und was machen jetzt?" (S. 57) und er eine derart naive Antwort gibt, die sie in „ungläubiges Erstaunen" (S. 58) versetzt, stiehlt sie sich davon und lässt den „Burschi mit dem scheenen Popscherl" (S. 89) sitzen.

> Anezka lässt Franz bei der ersten Begegnung sitzen

Anezka teilt sich eine Unterkunft mit rund 30 anderen Böhminnen in der Rotensterngasse, im zweiten Wiener Bezirk (S. 86). Dort findet sie Franz, der sich von einem Kellner im Schweizerhaus ihre Adresse hatte geben lassen. Darüber hinaus steckt Franz von ihm noch Prügel ein, weil er Anezkas beschädigte Ehre retten wollte (S. 85). Ausgehungert kommt Anezka mit ihm, als er ihr ein gemeinsames Essen verspricht. Franz erfährt ihren Namen, dass sie drei Jahre älter ist als er und aus dem Dorf Dobrovice im Landkreis Mladá Boleslav stammt (S. 90). In Wien arbeitet sie „wahlweise als Kindermädchen, Köchin oder Haushaltshilfe, und zwar ohne behördliche Genehmigung" (S. 90).

> Zweifelhafter Ruf: „Billig bleibe halt billig." (S. 85)

„Und jetzt will ich dich, Burschi!" (S. 91): Sie verbringen eine gemeinsame Liebesnacht in der Trafik. Für Anezka ist Franz jedoch lediglich eine Liebschaft von vielen. Als Franz sie nach ihrem damaligen Verschwinden aus dem Schweizerhaus fragt, entgegnet sie nur: „Manchmal muss weglaufen, manchmal muss bleiben [...]. So ist Leben." (S. 94) Am Morgen ist sie weg. Erst ein paar Wochen später sucht Anezka Franz mitten in der Nacht

> Franz ist für Anezka nur eine Affäre

3.4   Personenkonstellation und Charakteristiken

in der Trafik auf. Sie schlafen beide zusammen, aber schon am nächsten Morgen ist sie wieder verschwunden.

Franz' Eifersucht auf Heinzi

Franz folgt ihr in das Nachtlokal „Zur Grotte", wo sie als „N'Tschina, die scheue Schönheit aus dem Indianerland" vor männlichem Publikum auftritt und sich auf der Tanzfläche langsam entblößt (S. 106). Franz ist rasend vor Wut und Eifersucht, als sie mit dem Conférencier Heinzi – auf der Bühne Monsieur de Caballé genannt – das Lokal verlässt, und er unterstellt beiden ein Verhältnis: „Der Herr de Caballé hat nicht nur ein Messer in seiner Hose, stimmts?" (S. 112) Anezka macht ihm daraufhin deutlich, dass sie zu keinem gehört: „Nicht einmal zu mir selber!" (S. 113) Sie lässt ihn, den sie nur als „Burschi" betitelt und als kleinen Jungen sieht, stehen.

17. Mai 1938: Letzte Begegnung in der „Grotte": Anezka hat einen neuen Liebhaber

Zum letzten Mal begegnen sich Franz und Anezka, als Franz sie erneut in der „Grotte" aufsucht, da er befürchtet, sie könnte auch als Böhmin von den Nationalsozialisten verhaftet werden. In ihrer Garderobe sieht er sie an einem Wandtisch sitzen und versucht ihr in einer flammenden Rede klarzumachen, dass auch sie in Gefahr sein könnte, denn „als Nächstes sind die Ungarn dran oder die Burgenländer oder die Böhmen oder was weiß ich, wer sich das Hakenkreuz nicht ins Hirn brennen lässt, der ist dran [...]." (S. 206) Er gesteht ihr auch nochmals seine Liebe, ist bereit, sie zu heiraten und mit ihr irgendwo hinzugehen, „wo es ruhig ist" (S. 206). Doch Anezka hat kein Interesse an seinen Angeboten, denn in diesem Augenblick betritt ein SS-Mann den Raum. Franz missversteht die Situation und will sie beschützen,

Auf eigenen Vorteil bedacht

doch Anezka schmiegt sich an den Mann und Franz wird plötzlich klar, dass er ihr nichts bedeutet. Sie ist im Leben bis zum Schluss auf ihren eigenen Vorteil bedacht und deshalb auch bereit, sich mit einem Nazi einzulassen. Eine feste politische Einstellung hat sie nicht. Selbst die Verhaftung von Heinzi, der sie einst vor Franz beschützen wollte, geht ihr nicht nahe: „Sie zuckte mit den Schultern." (S. 204)

Am 12. März 1945 läuft Anezka an der Trafik vorbei und wirft einen Blick hinein. Ob sie Franz sucht oder nur zufällig vorbeigekommen ist, lässt der Roman offen. Sie nimmt Franz' letzten Traumzettel an sich: Ihre Beweggründe dafür erfährt der Leser nicht. In der letzten Szene läuft Anezka wieder einmal davon, diesmal vor den Bombern der Alliierten.

Franz Huchels Mutter

Frau Huchel, „eine schmale Frau in den Vierzigern, immer noch ganz ansehnlich" (S. 8), ist alleinerziehend[30]. Mit ihrem Sohn Franz wohnt sie in einem kleinen Fischerhaus in Nußdorf am Attersee (S. 7). In ihrem bisherigen Leben hatte sie diverse Affären, jedoch nie etwas Ernstes und Beständiges. Ihr letzter Liebhaber, der reiche Sägewerksbesitzer Alois Preininger, sicherte ihrem Sohn und ihr ein angenehmes Leben, da sie von ihm monatlich einen Scheck über eine beträchtliche Summe erhielt. Nach dem plötzlichen Tod ihres Liebhabers durch einen Blitzschlag verändert sich auch ihre finanzielle Lage erheblich und sie schickt Franz mit dem Zug nach Wien, um in der Trafik von Otto Trsnjek, mit dem sie früher ein Verhältnis hatte, als Lehrling zu arbeiten. Die Mutter liebt Franz und es fällt ihr schwer, sich von ihm zu trennen.

Tod des reichen Geliebten

Nußdorf im Salzkammergut

Kontakt halten beide über den Austausch von Ansichtskarten: Für beide waren es „Rufe aus der Heimat in die Fremde hinaus und wieder zurück, wie kurze Berührungen, flüchtig und warm" (S. 34). Franz berichtet der Mutter von der ersten Begegnung mit dem Juden Sigmund Freud, die er als sehr interessant empfunden hat. Die Mutter reagiert etwas zurückhaltend, als sie liest, dass er ein Jude ist: „Das ist vielleicht nicht angenehm, aber man muss halt schauen." (S. 46) Der Austausch ist meist kurz, mehr Platz bietet eine Ansichtskarte ja auch kaum. Dennoch hält Franz seine Mutter über sein Leben in Wien auf dem Laufenden und

Ansichtskarten: „Rufe aus der Heimat"

---

30 Aus dem Text geht nicht hervor, ob Frau Huchel mit Franz' Vater, Waldarbeiter aus Bad Goisern, der wenige Tage vor Franz' Geburt starb, verheiratet war.

3.4 Personenkonstellation und Charakteristiken

sie hört ihm zu und stärkt ihm den Rücken. Zu Weihnachten bittet sie Franz, sie künftig nicht mehr mit „Mutter", sondern mit „Mama" anzuschreiben (S. 81). Daran wird deutlich, dass sie der Meinung ist, dass Franz noch auf Hilfe angewiesen ist und noch nicht völlig auf sich alleingestellt sein sollte. Franz kommt ihrer Bitte nach und redet sie auf der nächsten Karte mit „Liebe Mama" (S. 82) an. Schließlich gesteht er ihr sogar, dass er nach einem enttäuschenden Gespräch mit seiner Liebe Anezka Wien am liebsten den Rücken gekehrt hätte und zurück zu ihr gefahren wäre (S. 114). Frau Huchel ist froh und stolz, dass Franz Verantwortung und Stärke zeigt und in Wien geblieben ist.

Hegt keine Sympathien für die Nazis

Als Franz seiner Mutter nach der Verhaftung Otto Trsnjeks durch die Gestapo erstmals einen langen Brief schreibt, antwortet sie ihm ebenfalls per Brief und teilt ihm die Veränderungen in Nußdorf mit, die die Nazis verursacht haben, und ihre Sorge, wo das alles hinführen wird. Franz' Mutter hegt keine Sympathien für die Nazis, denn „wenn die Juden noch so anständig sind, was nützt ihnen das, wenn sich um sie herum die ganze Anständigkeit schon längst verabschiedet hat" (S. 170).

Die Mutter hat auch kein Glück in der Liebe

In Sachen Liebe, die sie in ihrem eigenen Leben nur in Form von kurzweiligen Affären kennengelernt hat, kann sie Franz nur den Trost mit auf den Weg geben, dass die „Liebe kommt und geht, und man kennt sich vorher nicht aus, und man kennt sich nachher nicht aus, und am allerwenigsten kennt man sich aus, wenn sie da ist" (S. 170). Anders als sonst schließt sie den Brief mit „Deine Mutter" (S. 172), denn es ist ihr bewusst geworden, dass Franz erwachsen geworden ist. Der letzte Brief von Franz, in dem er ihr mitteilt, dass Otto Trsnjek gestorben ist, über die Todesumstände allerdings barmherzig schwindelt, wird von ihr im Roman nicht mehr beantwortet.

Beklemmende Vorahnung

Nachdem der Wirt an ihrer Arbeitsstätte zum wiederholten Male zudringlich wird, wehrt Franz' Mutter ihn mit einem großen Knochenmesser ab: „Jetzt war sie zwar arbeitslos, aber gar nicht so unglücklich damit." (S. 244) Eine merkwürdige Unruhe breitet sich in dieser Nacht in ihr aus. Sie spürt, dass ihr Sohn Franz in Gefahr ist. Als sie zum See hinuntergeht, sieht sie die drei Hakenkreuzfahnen am anderen Seeufer, die mit den drei Hakenkreuzfahnen an der Wiener Gestapo-Zentrale korrespondieren: „Mein Bub [...]. Wo bist du, mein Bub?"(S. 244)

In Seethalers Roman steht die Figur der Mutter – schon aufgrund ihrer räumlichen Distanz zum Hauptgeschehen in Wien – am Rand der Geschichte. Dennoch ist sie, wie erwähnt, für Franz ein wichtiger Bezugspunkt: Der Karten- und Briefwechsel gibt Einblick in das Innere von Mutter und Sohn. Zudem zeigen die Schilderungen von Frau Huchel, wie der Nationalsozialismus sich nach dem „Anschluss" Österreichs im März auch in der Provinz rasant ausbreitet (Brief der Mutter vom April, S. 168 ff.).

Nebenfiguren in *Der Trafikant*

Alois Preininger

Im Salzkammergut ansässiger, äußerst wohlhabender Geliebter von Franz Huchels Mutter, der ihr und ihrem Sohn durch seine großzügigen finanziellen Zuwendungen bis in den Spätsommer 1937 ein unbeschwertes Leben ermöglicht. Er stirbt 60-jährig durch einen Blitzschlag beim Schwimmen im Attersee.

Der Fleischhauermeister Eduard Roßhuber und Frau

Roßhuber besitzt in Wien das Fleischergeschäft neben der Trafik von Otto Trsnjek. Trsnjek verdächtigt den Nazi Roßhuber der Angriffe auf seine Trafik. Nach dem Tod von Trsnjek besucht Franz Huchel Roßhuber und seine Frau und macht sie beide für Trsnjeks Tod verantwortlich: „Ihr habt seine Trafik beschmiert [...]. Ihr habt ihn beschimpft. Ihr habt ihn verraten. Und ihr habt ihn erschlagen!" (S. 195) Roßhuber verstummt daraufhin, und selbst, als Franz Roßhuber ins Gesicht schlägt, rührt er sich nicht. Roßhubers anschließende Reaktion, nachdem Franz den Laden verlassen hat, zeigt, dass er sich der Folgen seines Handelns nicht bewusst war (S. 197).

Der „Rote Egon" (Hubert Panstingl)

Der „Rote Egon", ein hagerer „bezirksbekannter Spiegelsäufer und – trotz des Parteienverbots – ein [...] lautstark bekennender Sozialdemokrat" (S. 32), gehört zu den Kunden der Trafik. Am Abend des 11. März 1938, nachdem so gut wie klar ist, dass deutsche Truppen in Österreich einmarschieren werden, entrollt er ein Transparent mit freiheitlichem Text auf dem Dach und stürzt sich anschließend freiwillig in die Tiefe, als Nazischergen hochkommen. In der *Reichspost* wird er daraufhin zum „feigen Kommunisten" und „Bolschewisten" und auch die Tat wird im Sinne der nationalsozialistischen Propaganda völlig falsch dargestellt (vgl. auch Prüfungsaufgabe 4, S. 119).

Der Kellner im Schweizerhaus (Wiener Prater)

Er verrät Franz gegen Bezahlung den Aufenthaltsort von Anezka in der Rotensterngasse, einer üblen Wohngegend: „Immer den Ratten folgen [...]." (S. 86) Deutlich weist er ihn auch darauf hin, dass Anezka zu den Mädchen der billigen Sorte gehört (S. 85). Franz will davon aber nichts wissen und legt sich deswegen mit dem Kellner auch körperlich an, wobei Franz den Kürzeren zieht.

Der Briefträger Heribert Pfründner

Er ist der zuständige Briefträger im Bezirk und stellt sowohl Freud als auch Franz Huchel die Post zu. Er bemerkt die Verletzungen des Postgeheimnisses durch die Nationalsozialisten: Briefe werden geöffnet, manche Briefe an Sigmund Freud fängt die Gestapo komplett ab. Ihn selbst berühren die Einschränkung der Persönlichkeitsrechte durch die Nazis und die Verfolgung der Juden nicht, da er persönlich davon nicht betroffen ist (S. 211). Allerdings findet er „manche Sachen schon auch fragwürdig [...]. Zum Beispiel diese Geschichten mit den Juden [...]. Oder diese ungute Sache mit den Briefen" (S. 210). Den Hitlergruß nuschelt er nur, „Heilitler" (S. 190; 211), aber im tiefsten Inneren ist er ein folgsamer Postbeamter. Er unterrichtet Franz klatschsüchtig von der bevorstehenden Ausreise Sigmund Freuds (S. 212).

Mrs. Buccleton

Reiche dicke amerikanische Patientin von Sigmund Freud, die in Selbstmitleid erstickt auf seiner Couch therapiert werden will. Im Gespräch geht es um Scham und Lust. Freud gibt ihr schließlich den Rat: „Hören Sie auf, Torten zu essen!" (S. 120)

Freuds Tochter Anna

Das jüngste Kind der Freuds lebt bei ihren Eltern im Haushalt, „nun schon über vierzig Jahre alt" (S. 123), und unterrichtet ihren Vater Sigmund Freud immer über Franz Huchels Anwesenheit vor der Berggasse 19, obwohl sie es aufgrund der politischen Lage nicht mehr gern sieht, wenn ihr Vater das Haus verlässt. Sie hat sich „über die Jahre [...] zu einer ungemein produktiven und einfühlsamen Psychoanalytikerin entwickelt", „zu der einzig legitimen Nachfolgerin ihres Vaters und zur treuen Trägerin seines Werkes" (S. 70). Sie betreibt die Ausreise ihrer Familie und emigriert zusammen mit ihren Eltern über Frankreich nach England aus Wien, für das sie „keine nennenswerten Gefühle" (S. 232) hegt. Bei der Abreise sieht sie Franz am Bahnhof stehen.

Der Conférencier Heinzi

Heinzi tritt als Monsieur de Caballé ebenso wie Anezka in der „Grotte" auf. Er ist ein Vertrauter Anezkas und bereit, sie zu beschützen (S. 110 f.). In der „Grotte" gibt er beißendes politisches Kabarett zum Besten und parodiert Hitler als Hund (vgl. S. 102 ff.), wofür er schließlich von der Gestapo abgeholt wird.

Der SS-Mann in der „Grotte"

Der neue Liebhaber von Anezka ist „ein jüngerer Mann mit weichen Gesichtszügen und käsiger Haut" (S. 203).

Der Verhärmte (Gestapomann)

ist sowohl bei der Verhaftung Otto Trsnjeks als auch bei der Festsetzung Franz Huchels dabei. Auch er nennt Franz „Burschi" (S. 157; S. 246) und will ihm die Sinnlosigkeit seines Tuns zeigen. „,Was Sinn hat und was nicht, wird sich erst herausstellen', sagte Franz." (S. 246)

Der Portier im ehemaligen Hotel Metropol, nun Sitz der Wiener Gestapo

Er ist einer der Handlanger des Systems der Nationalsozialisten, die auf ihrer Bürokratie beharren: Franz soll eine schriftliche Eingabe zum Verbleib von Otto Trsnjek machen. Als Franz jeden Tag um die Mittagszeit in der Gestapohauptzentrale erscheint und „immerzu freundlich" nach Trsnjeks Aufenthaltsort fragt, beginnt der „über viele Dienstjahre ausgebildete Berufsgleichmut des Portiers zu bröckeln" (S. 183).

3.5 Sachliche und sprachliche Erläuterungen

Seite	Begriff	Erläuterung
Titel	Der Trafikant	öst., von Trafik: Laden oder Kiosk mit Zeitungen, Zeitschriften, Schreibwaren und Tabakwaren u. a. Die Vergabe von Trafiken ist in Österreich auch heute noch staatlich geregelt (Tabakmonopol). Ein Trafikant ist der Verkäufer in der Trafik. Von Beginn an erhielten Kriegsinvaliden, Soldatenwitwen und schuldlos verarmte Beamte Trafikantenstellen, die damit ihre Versorgung sicherstellen sollten.
S. 7	Salzkammergut	landschaftlich und historisch geprägte Region in Österreich, am Nordrand der Alpen
S. 7	Nußdorf am Attersee	kleine Gemeinde in Oberösterreich am Attersee im Bezirk Vöcklabruck
S. 7	Holzschindel	Dacheindeckung aus Holz
S. 8	ausgemergelt	abgemagert und entkräftet
S. 11	Bad Ischl	österreichischer Kurort im Zentrum des Salzkammerguts
S. 15	Sommerfrischler	Besucher, Touristen
S. 16	Timelkam	Marktgemeinde im Bezirk Vöcklabruck mit Anschluss an die Bahnstrecke Wien-Linz-Salzburg
S. 18	Gsindel	hochdt.: Gesindel; Gruppe von Menschen, die als asozial, verbrecherisch o. ä. verachtet wird
S. 20	Gassenhauer	auf den Straßen gesungenes, allbekanntes Lied
S. 22	Lacke	öst.: Lache, Pfütze
S. 22	Pferdeseiche	Pferdeharn
S. 22	Fleischhauerei	öst.: Metzgerei, Fleischerei
S. 26	verhunze(n)	verunstalten, verderben
S. 26	Zwerg Dollfuß	Engelbert Dollfuß, Engelbert (1892–1934), österr. Politiker und Gründer des austrofaschistischen Staats und Bundeskanzler (1932–1934). Er war nur 1,51 m groß. (Vgl. auch Kapitel 2.2.)

3.5 Sachliche und sprachliche Erläuterungen

Seite	Begriff	Erläuterung
S. 27	Schuschnigg	Kurt Schuschnigg (1897–1977): Er war vom 29. Juli 1934 bis 11. März 1938 diktatorisch regierender Bundeskanzler in Österreich. (Vgl. auch Kapitel 2.2.) Nach dem „Anschluss" Österreichs wurde er von den Nationalsozialisten verhaftet und bis 1945 als sogenannter „Schutzhäftling" in verschiedenen Konzentrationslagern interniert.
S. 30	Alsergrund	9. Wiener Gemeindebezirk
S. 31	Einmachglas	hier: Glasgefäß
S. 35	vorüberkollern	vorüberrollen
S. 38	Ordination	Arztpraxis
S. 43	Schinken	hier: großes, dickes Buch
S. 47	Wiener Prater	großer Vergnügungspark im 2. Wiener Gemeindebezirk
S. 47	Seidel	ein Glas (Bier)
S. 48	Einspänner	öst.: hier: Glas mit schwarzem Kaffee und Schlagsahne
S. 48	Schlagobers	öst.: geschlagene Sahne
S. 58	Merci Mon Ami	frz.; auf dt.: Danke, mein Freund. Altes Lied, gesungen von Zarah Leander
S. 61	rudimentären	unvollkommen, nur in Ansätzen vorhanden
S. 61	Hendl	öst., bayr.: Huhn
S. 64	Rondeau	Rondell
S. 69	patschert	öst., bayr.: unbeholfen, ungeschickt
S. 73	Ut desint vires, tamen est laudanda voluntas	lat.; auf dt.: „Wenn auch die Kräfte fehlen, ist der Wille dennoch zu loben." – Zitat aus den *Epistulae ex Pontodes* des Dichters Ovid
S. 80	Potzneusiedl	österreichische Gemeinde im Bezirk Neusiedl am See
S. 84	Landpomeranze	aus dörflicher Umgebung stammende, weibliche, ungeschickte Person
S. 88	Mezzanin	niedriges Zwischengeschoss
S. 90	Dobrovice	Dorf in Böhmen, dt.: Dobrowitz, früher auch Dobrawitz, heute Stadt in Tschechien
S. 91	Palatschinken	öst.: dünner, zusammengerollter, mit Marmelade, Schokolade oder Ähnlichem gefüllter Eierkuchen; Nachspeise

Seite	Begriff	Erläuterung
S. 97	schleichst	(sich) schleichen: fortgehen
S. 101	Krügel Helles	öst.: Bierkrug, Bierglas mit Henkel
S. 104	arischen	arisch: privilegierte Rasse der Nationalsozialisten
S. 105	Conférencier	witzig unterhaltender Ansager im Kabarett oder Varieté
S. 106	Grammofon	Gerät mit einem Schalltrichter zum Abspielen von Schallplatten (Tonträger)
S. 115	ungustiös	öst.: ekelerregend, geschmacklos, abstoßend
S. 122	Anthologie	Sammlung von Texten
S. 123	drapierte	drapieren: kunstvoll in Falten legen
S. 126	linkisch	unbeholfen, ungeschickt
S. 128	Fiakerkutscher	öst.: Kutscher einer Pferdedroschke
S. 128	Schiebermütze	größere Schirmmütze
S. 129	Silhouette	Umriss
S. 129	San Juan y Martínez	Fluss in Kuba
S. 130	Stiegenhaus	öst., bayr.: Treppenhaus
S. 131	Stecken	Stock, Stab
S. 131	Mistkübel	öst.: Abfalleimer, Mülleimer
S. 136	Brausezuckerln	öst., bayr.: Brausebonbon
S. 136	Libido	auf sexuelle Befriedigung gerichteter Trieb
S. 137	Pestvogel	Gemeint ist ein sogenannter „Seidenschwanz", ein Vogel, der älteren Generationen als böses Vorzeichen für kommende Katastrophen gilt.
S. 138	schwärende	eitrige
S. 142	havarierten	beschädigt
S. 143	Souterrain-wohnung	Wohnung im Untergeschoss
S. 145	Totschlägern	Schlagwaffe, oft aus Metall
S. 146	Bolschewist	Mitglied der Kommunistischen Partei der Sowjetunion, Begriff wird hier abwertend für Sozialdemokrat gebraucht
S. 147	deutsch-tümeligen	übertriebene Betonung deutscher Wesensart

3.5 Sachliche und sprachliche Erläuterungen

Seite	Begriff	Erläuterung
S. 147	Journaille	abwertende Bezeichnung für einen Journalisten
S. 148	Trottoir	Bürgersteig
S. 150	Pumpern	öst., bayr.: lautes und heftiges Klopfen
S. 152	Darmgekröse	Eingeweide
S. 154	steirisches	steiermärkisches
S. 155	der Verhärmte	von Kummer gezeichnete Person
S. 156	Goschn	abwertend für Mund
S. 156	mit Verlaub	wenn Sie gestatten
S. 159	Stecken	Stock, Stab
S. 159	Fenstersims	Fensterbrett
S. 161	Kernseife	einfache Seife ohne Zusätze
S. 162	genierlich	peinlich
S. 164	Raunzerei	öst., bayr.: Jammerei
S. 165	hinausdatterte	hier: hinauszittern
S. 171	Saibling	Fisch
S. 171	Erdäpfelstrudel	öst., bayr.: süße Kartoffelspeise
S. 182	Luster	öst.: Kronleuchter
S. 183	impertinente	frech, unverschämt
S. 184	Bast	pflanzlicher Faserstoff
S. 185	Schwechater	Schwechat: Stadtgemeinde südöstlich von Wien
S. 186	Remise	Schuppen
S. 186	Karfiolköpfe	öst.: Blumenkohlköpfe
S. 186	Erdäpfel	öst., bayr.: Kartoffeln
S. 186	Dachau	Stadt nahe München; 1933 wurde von den Nationalsozialisten dort das Konzentrationslager Dachau errichtet, das erste „offizielle" Lager, das neben Auschwitz zum Inbegriff der Konzentrationslager wurde.
S. 187	schal	abgestanden
S. 187	fad	nach nichts schmeckend
S. 187	Gelsenschwärmen	öst.: Schwärme von Stechmücken

Seite	Begriff	Erläuterung
S. 190	Packerl	öst.: Päckchen
S. 192	Stampiglien	Gerät(e) zum Stempeln
S. 194	Faschiermaschine	öst.: Fleischwolf: Gerät zum Zerkleinern von Fleisch
S. 194	Schlieren	hier: streifige Masse
S. 197	Eierschwammerln	öst.: Pfifferlinge
S. 198	Jause	öst.: Zwischenmahlzeit, Brotzeit
S. 200	Mussolini	Benito Mussolini (1883–1945): ital. Faschistenführer. Als Duce del Fascismo stand er ab 1925 als Diktator an der Spitze des faschistischen Regimes in Italien.
S. 200	Goebbels	Paul Joseph Goebbels (1897–1945) war als Reichsminister für Volksaufklärung und Propaganda einer der einflussreichsten Politiker während der Zeit des Nationalsozialismus.
S. 201	Auen	öst., bayr.: flaches Gelände an einem Gewässer
S. 202	am Heldenplatz eine Legion von Händen	historischer Platz in Wien; dort am 15. März 1938 Rede Hitlers an die jubelnden Massen (ca. 250.000), die den Hitlergruß zeigten
S. 203	Fistelstimme	unangenehm hohe Stimme
S. 207	hinterfotzige	unehrlich, verlogen
S. 212	pfropfte	festsetzen
S. 215	schnalzte	kurzen Laut mit der Zunge wiedergeben
S. 219	Weberknecht	Spinnentier mit langen, dünnen Beinen, auch Schneider genannt
S. 220	Lianen	Schlingpflanze
S. 220	zu reihern	(sich) heftig erbrechen
S. 221	Marmorphallus	Phallus: männliches Glied (meist als Symbol der Kraft und Fruchtbarkeit)
S. 222	Janker	öst., bayr.: (Trachten-)Jacke
S. 222	Dulcinea	hier: Geliebte. Figur aus Don Quijote von Miguel de Cervantes.
S. 228	Grammeln	öst.: Griebe: kleine Stückchen Speck
S. 228	gustiert	öst.: schmeckt

3.5   Sachliche und sprachliche Erläuterungen

Seite	Begriff	Erläuterung
S. 230	Reichsfluchtsteuer	Im April 1938 auch in Österreich eingeführte Steuer: Sie wurde bei Aufgabe des inländischen Wohnsitzes fällig. Emigranten wurden so gezwungen, einen Großteil ihres Vermögens dem Staat zu überlassen.
S. 231	Selchfleisch	öst.: geräuchertes Fleisch
S. 231	Krautfleckerln	öst.: Gericht der österr. und böhmischen Küche: Nudeln mit Weißkohl und Speck
S. 232	theatralisch	übertrieben
S. 234	Gmunden	am Nordufer des Traunsees gelegene Stadt im Salzkammergut
S. 237	palavern	sich lange in meist überflüssigem Gerede ergehen
S. 240	Quargel	öst.: stark riechender Käse aus Sauermilch
S. 241	corpus delicti	lat.: Gegenstand, mit dem eine Straftat begangen worden ist
S. 243	pressiert	öst., bayr.: dringend sein
S. 243	feschen	öst., bayr.: hübsch, flott, ansehnlich
S. 244	Kormorane	großer, meist schwarzgrüner Schwimmvogel
S. 247	Unterfladnitz	kleine Gemeinde im österr. Bundesland Steiermark
S. 247	grantig	öst., bayr.: übel gelaunt, ärgerlich
S. 248	Semmelbrösel	Bröckchen von geriebenen Brötchen

3.6 Stil und Sprache

Zusammenfassung

Kennzeichnend für Robert Seethalers Roman sind
- eine verständliche, österreichisch eingefärbte Sprache,
- die Verwendung der direkten Rede,
- die Erzählperspektive in der dritten Person (überwiegend Franz Huchel).

Dabei zeichnet sich die verwendete Sprache durch ihre Bildhaftigkeit und Vielseitigkeit aus: humorvoll, erheiternd und ironisch auf der einen Seite, dem historischen Hintergrund angemessen ernst und nachdenklich an anderer Stelle. Seethaler verwendet zudem zahlreiche Symbole und Motive.

Seethaler verwendet eine **flüssige, österreichisch eingefärbte Sprache**, die für den Leser leicht verständlich ist: Sie kommt „ohne übermäßiges sprachliches Ornament"[31] aus. Eine Übersicht der Austriazismen findet sich innerhalb des Kapitels 3.5.

Austriazismen
→ S. 67 ff.

Durch die **Verwendung der direkten Rede** in Teilen seines Romans verleiht er seinen Personen Authentizität und erleichtert dem Rezipienten die Identifikation mit den Protagonisten. Franz Huchel bietet sich dabei besonders als Identifikationsfigur an. Der **größte Teil des Romans** wird **aus seiner Perspektive in der dritten Person** erzählt (Ausnahmen z. B.: S. 10–14, 69–71, 143–145, 209–211, 237–244, 247–250; die Perspektiven werden von unterschiedlichen Personen eingenommen, von Freud, Frau Huchel, dem Roten Egon u. a.).

Trotz des ernsten historischen Hintergrunds sind viele Textstellen im Roman humorvoll, ironisch und von großem Sprachwitz geprägt:

Komik

---

31 https://buecherrezension.wordpress.com/2013/12/19/rezension-robert-seethaler-der-trafikant-kein-aber-2012/

„Außerdem hat er ein nicht unwesentliches Problem. [...] Er ist ein Jud." (S. 39); „Mit Frauen ist es wie mit Zigarren: Wenn man zu fest an ihnen zieht, verweigern sie einem dem Genuss." (S. 45); „Er kroch unter ihren Rock, umklammerte ihre Knie und wusste, dass er für den Rest seines Lebens, zumindest aber bis zum Ende der Sommerferien, dort unten [...] sitzen bleiben würde." (S. 54); „Schlecht schaust du aus! [...] Wie des Todes unseliger Großvater." (S. 67); „Im Grunde genommen stanken die Schweine weniger als zum Beispiel die Waldarbeiter nach der Schicht oder die Volksschulkinder nach dem Turnunterricht." (S. 87); „Oh mein Gott, bin ich dick! Ein dickes, fettes Nilpferd. Ein plumpes, tonnenschweres Walross. Eine krankhaft ausgefressene Elefantenkuh! Das Einzige, was nach meinem Tode noch von mir übrig sein wird, ist ein teichgroßer Fettfleck." (S. 115) „für das Volk Moses' doch insgesamt eher unlustigen Vorgänge" (S. 165); „Mein Alter hat jede Gesundheit längst hinter sich gelassen." (S. 222)

Wie schon an den vorangegangenen Beispielen gesehen, verwendet Seethaler, der auch bei seinen anderen bisher veröffentlichten Werken durch eine minimalistische, aber prägnante Sprachwahl auffällt, viele Metaphern und bildhafte Vergleiche:

„Das derzeitige Weltgeschehen ist nichts weiter als ein Tumor, ein Geschwür, eine schwärende, stinkende Pestbeule, die bald platzen und ihren ekeligen Inhalt über die gesamte westliche Zivilisation entleeren wird." (S. 138); „träge(r) Schwall rosiger Würmer" (S. 194); „Dünn und glatt und weiß, wie ein junger Saibling im Frühling" (S. 171); „Eine merkwürdige Empfindung stieg wie eine dicke Luftblase in seinem Inneren auf, blubberte an der Wirbelsäule entlang und schlüpfte durch den Nacken in den Hinterkopf, wo sie noch eine Weile weich und angenehm herumwaberte" (S. 172); „Über die Marmorwangen huschten rosarote Flecken, wie letzte Wolkenfetzen nach einem Abendgewitter" (S. 195); „im Prater geht die Pest um" (S. 206).

Daneben stehen auffallend poetische Bilder:

„sterngetupfte(r) See" (S. 11); die Postkarten der Mutter, „lauter kleine, glitzernde Atterseen", „konnte er [...] leise gluckern hören in der Lade" (S. 34 f.) „im dunklen Märchenstaub" (S. 55); „ein kleines, helles Lachen, wie ein fallengelassenes Schmuckstück" (S. 180); „wie sich der See langsam mit Licht füllte" (S. 244); „als würde dieses Lachen dort oben zerplatzen und an der alten Tapete in alle Richtungen auseinanderperlen" (S. 245),

auch die Traumzettel sind in rätselhafter Sprache verfasst:

„das Riesenrad rollt über die Stadt [...], das Mädchen juchzt, und sein Kleid ist leicht und weiß wie ein Wolkenfetzen" (S. 180); „die Hasenaugen sind dunkle Tropfen, in den Bäumen hängen Gondeln" (S. 190).

In Situationen großen psychischen Drucks wird die Sprache nahezu expressionistisch, so, wenn Franz seine ersten Eindrücke Wiens wiedergibt (S. 20). Der Intensivierung und Dynamisierung dient hier eine Reihung von Sätzen bis hin zur Verwendung von Ellipsen (verkürzten Sätzen):

„Überall ein Flimmern, Glänzen, Blitzen und Leuchten: Fenster, Spiegel, Reklamebilder, Fahnenstangen, Gürtelschnallen, Brillengläser. Autos knatterten vorüber. Ein Lastwagen. Ein libellengrünes Motorrad. Noch ein Lastwagen." (S. 20)

3.6 Stil und Sprache

Wie der gesamte Handlungsablauf aus nahtlos ineinandergreifenden Einzelprozessen besteht, so gehen die einzelnen Sätze nahezu ohne Bruch ineinander über. Die Dynamik des Vorgangs wird über die Sprachgestaltung an den Leser vermittelt.

Dies trifft auch auf eine längere Textpassage gegen Ende des Romans zu. Nach der Verhaftung Ottos geht Franz, psychisch enorm aufgewühlt, am frühen Abend auf den Kahlenberg und muss

„an die Zeitungen denken, an die Schlagzeilen. So viel Aufregung, so viel gedrucktes Geschrei. [...] Der Führer in Italien! Der Führer in München! Der Führer in Salzburg! Der Führer überall! [...] Ein Kommunist bringt sich um! Noch einer! Und noch einer! [...] Die Gestapo feiert Dienstjubiläum! Bald ist Muttertag! Bald ist Weihnachten! Wien, Wien, nur du allein, sollst die Stadt meiner Träume sein!" (S. 199 ff.)

Ernst und nachdenklich

An anderen Stellen im Roman ist seine Sprache jedoch – dem historischen Thema angemessen – ernst, nachdenklich und auch sprachlich nüchtern.

„Und wer trägt schon sein halbes Leben das Hakenkreuz hinterm Revers und wartet nur auf die Gelegenheit, es hervorzukehren?"(S. 61 f.); „Der Trafikant hatte nicht mehr geschrien und nichts mehr gesagt, widerstandslos hatte er sich abführen lassen und war, gestützt von den grauen Männern, zum Wagen gehüpft."(S. 158); „Im Keller der Gestapo-Dienststelle [...] mussten sich fünfzehn jüdische Geschäftsleute nackt ausziehen und mit den Händen über dem Kopf auf die Abholung zum Einzelverhör warten. In der Mitte des Raumes waren ihre Kleider zu einem Haufen zusammengeworfen, dessen Spitze eine Mütze bildete, kariert und zerknautscht wie die Mütze eines amerikanischen Stummfilmkomikers. Am Gleis II des Wiener

> Westbahnhofs saßen vierhundertzweiundfünfzig politische Ge-
> fangene zusammengedrängt [...] und warteten auf die Abfahrt
> nach Dachau." (S. 186)

Die einzelnen Szenen in *Der Trafikant* greifen wie gut geölte
Zahnräder ineinander, weil Robert Seethaler seine Handlungen
„chronologisch und ohne Effekthascherei"[32] erzählt.

Chronologisch
→ vgl. Kapitel 3.3

    Wichtige Elemente der Brechung sind dabei die Postkarten-
texte von Mutter und Sohn Huchel (dann Briefe), sowie die von
Franz in Sprache aufgeschriebenen Träume (Traumzettel), die
er an die Auslage der Trafik klebt. Die im Roman kursiv gesetz-
ten kurzen Texte reflektieren dabei das äußere Geschehen und
das Innenleben der Figuren auf bewusster und unbewusster
Ebene[33] (vgl. auch Kapitel 3.7 Traumzettel und Traumdeutung).

Karten- und
Traumtexte

Motive, Bilder und Symbole

Autor Robert Seethaler spielt in seinem Roman mit zahlreichen
Symbolen, Motiven, Metaphern und Bildern. Hierbei bezieht er
auch die Natur stark in seine Romanhandlung ein (vgl. beispielsweise Stimmung am Attersee, S. 244). Nachfolgende Tabelle gibt
einen Überblick über die wichtigsten Bilder, Symbole und Motive
im Text:

---

32 https://www.dieterwunderlich.de/Seethaler-trafikant.htm
33 https://buecherrezension.wordpress.com/2013/12/19/rezension-robert-seethaler-der-trafikant-kein-
    aber-2012/

3.6 Stil und Sprache

Motiv/Bild/Symbol	Zitate aus dem Text	Effekt
Burschi	Auswahl: „Gleich wieder da, Burschi!" (S. 58) „Ah, der Burschi mit dem scheenen Popscherl!" (S. 89); „Und jetzt will ich dich, Burschi!" (S. 91); „Soll er doch ein bisserl reden, der Burschi!" – „Mit Verlaub, ich bin kein Burschi, und heißen tu ich Franz Huchel!" (S. 157); „Wisch dir das Blut aus dem Gesicht, Burschi. Und geh nach Hause." (S. 185); „Das hat doch keinen Sinn mehr, Burschi!"– „Was Sinn hat und was nicht, wird sich erst herausstellen [...] Außerdem heiße ich Franz. Franz Huchel aus Nußdorf am See!" (S. 246)	*Der Trafikant* ist eine Geschichte des Erwachsenwerdens der Hauptfigur Franz Huchel. Doch häufig wird Franz noch wie ein unmündiges Kind behandelt und als „Burschi" betitelt: Für Anezka wird er nie ein gleichwertiger Partner, sondern nur Mittel zum Zweck, ein Spielzeug sein (vgl. Zitate S. 58, 89, 91). Und auch die Männer der Gestapo nehmen ihn nicht ernst. Manchmal setzt sich Franz dagegen zur Wehr (vgl. Zitat S. 157, 246).
See	Auswahl: „Er musste an den See denken. [...] Der kleine Franz saß ruhig am Grund und hörte dem See zu [...]. Noch Stunden später [...] trug er diese stille, grüne Welt als kleine Sehnsucht mit sich." (S. 99 f.); „Du musst mir unbedingt vom See schreiben." (S. 162); „Manchmal wünsche ich mich selbst an den See zurück. Natürlich weiß ich, dass das nicht mehr so einfach geht. Ich habe schon zu viel gesehen und gerochen und geschmeckt." (S. 164); „Der See ist [...], wie er gerade will. Drüben haben sie große Hakenkreuzfahnen ins Ufer gepflanzt." (S. 168); „Ich stehe mit der Mutter am See [...] der See	Der See ist Franz' Sehnsuchtsort, das Symbol für Kindheit und Heimat. Auch wenn der See durch Hakenkreuzfahnen geschändet wird (S. 168), bleibt die Hoffnung, dass See und Heimat den Nationalsozialismus überdauern werden (S. 196 f.). In der Nacht vor seiner Verhaftung träumt Franz vom See, wie sein letzter Traumzettel zeigt (S. 250).

Motiv/Bild/ Symbol	Zitate aus dem Text	Effekt
	schwankt" (S. 179); „Was bleibt, ist der See. Die Berge und die Wolken werden sich länger darin spiegeln als die paar dürren Hakenkreuzstangeln, das kannst Du mir glauben!" (S. 196 f.); „Der See hat auch schon bessere Zeiten gesehen [...]" (S. 250)	
Zigarren	Auswahl: „Ganz anders – aber wirklich ganz anders! – verhalte es sich mit den Zigarren" (S. 26): „erst das Aroma, der Duft, der Geschmack und die Würze einer gehörigen Auswahl von Zigarren verwandle einen stinknormalen Zeitungsverkaufsstand [...] in einen Tempel sowohl des Geistes als auch des Genusses." (S. 26); „Eine schlechte Zigarre schmeckt nach Pferdemist [...], eine gute nach Tabak. Eine sehr gute Zigarre jedoch schmeckt nach der Welt." (S. 29); „Es seien ja heutzutage kaum noch Zigarren zu kriegen!" (S. 27); „Jede Sorte hatte ihren ganz persönlichen Geruch, und doch trugen alle gemeinsam das Aroma einer Welt jenseits der Trafik [...] und des ganzen weiten Kontinents in sich." (S. 29); „„Die ist für das Königreich! [...] Die ersten Züge in Freiheit!" (S. 220)	Die Zigarren stehen als Symbol der Welt und der Freiheit; im nationalsozialistischen Wien sind sie inzwischen wie die Freiheit selbst eine seltene Kostbarkeit (vgl. Zitat S. 27). Trsnjek, selbst Nichtraucher, pflegt den Kult der Zigarren zusammen mit seinen Kunden, beispielhaft Sigmund Freud. Und auch Franz taucht in die Welt der Zigarren ein. Die Gestapo oder andere Hitler-Anhänger rauchen dagegen Zigaretten oder Zigarillos.

3.6 Stil und Sprache

Motiv/Bild/Symbol	Zitate aus dem Text	Effekt
Glöckchen	Auswahl: „Am Türrahmen über seinem Kopf ertönte das Geklingel zarter Glöckchen." (S. 22) „An einem trübgrauen Montagvormittag klingelten zaghaft die Glöckchen, und ein alter Herr betrat die Trafik." (S. 35); „[...] kurz bevor ihn die Trafik mit einem letzten, aufmunternden Geklingel ins Wochenende entließ [..]." (S. 47); „Draußen wurde die Tür mehrmals unter heftigem Geklingel aufgerissen und wieder zugeschlagen, wütendes Geschrei war zu hören." (S. 60); „Hinter ihm knallte die Tür derart heftig ins Schloss, dass die Scheiben schepperten und sich das Gebimmel der Glöckchen zu einem geradezu stürmischen Fortissimo erhob." (S. 64); „An der Eingangstür [...] ribbelte er solange an den Glöckchen herum, bis sie glänzten wie Christbaumschmuck." (S. 161); „Als er zwischen den Männern zum Wagen ging, glaubte er hinter sich immer noch das leise Klingeln der Glöckchen zu hören." (S. 247)	Die Glöckchen der Trafik, die Otto Trsnjek einst bei seinem Einzug mitbrachte (vgl. S. 30), klingen für Franz oder Sigmund Freud sanft (vgl. Zitat S. 22 und 35). Als Trsnjek Streit mit Roßhuber hat, geben sie dagegen heftig und stürmisch Laut (S. 60 u. 64). Franz putzt in der Abwesenheit Trsnjeks die Glocken sorgfältig auf Hochglanz; vor seinem Abtransport und vermutlich sicher geglaubtem Tod meint er die Glöckchen, die ihm auch Mut zusprechen (vgl. S. 47), noch zu hören (S. 247).
Nachtfalter	„Ein kleiner Nachtfalter flatterte wie verrückt um sie herum." (S. 109); „[...] Doch dann berührte er das heiße Glas, und für einen Moment sah es aus, als würden seine Flügel glühen. Er stürzte ab wie ein kleiner Schatten, der vom Himmel fällt." (S. 110); „Auf dem Boden direkt unter der Glühbirne lag der tote Falter, Franz bückte sich, hob ihn mit den Fingerspitzen vom Boden und wickelte ihn behutsam in ein	Analogie zu Franz: Gleich dem kleinen Nachtfalter flattert er um die Tänzerin Anezka, die im Licht steht, und verbrennt sich im übertragenen Sinne an ihr.

Motiv/Bild/ Symbol	Zitate aus dem Text	Effekt
	Taschentuch." (S. 113); „[...] und ein Falter ist vom Himmel gefallen und alles, alles, alles war vorbei." (S. 135); „Er würde ihn in die Schublade seines Nachtkästchens legen [...], gleich neben die Karten und den Brief der Mutter und den kleinen Körper des aus der Nacht gefallenen Falters." (S. 185)	
Pestvogel, Pest	„Das war der Pestvogel [...]. Es heißt, dass er immer nur vor dem Ausbruch von Seuchen, Kriegen und anderen Katastrophen auftaucht." (S. 137) „Das derzeitige Weltgeschehen ist nichts weiter als ein Tumor, ein Geschwür, eine schwärende, stinkende Pestbeule, die bald platzen und ihren ekligen Inhalt über die gesamte westliche Zivilisation entleeren wird." (S. 138); „[...] im Prater geht die schwarze Pest um [...]" (S. 206).	Beim sog. Pestvogel handelt es sich um den Seidenschwanz, der Taigazonen besiedelt, in Mitteleuropa taucht er nur selten auf. Sein Erscheinen gilt älteren Generationen deshalb als böses Vorzeichen. – Subtiles Bild für die Vorahnung Freuds auf den bevorstehenden Krieg. Franz übernimmt das Bild später variierend (S. 206).
Geranie	„[...] ein paar [vom Sturm] geköpfte Geranien [...]" (S. 7); „[...] durch das mit Wassertropfen besprenkelte Fenster leuchtete ein einzelnes Geranienblütenblatt wie ein zartroter Hoffnungsschimmer." (S. 8)	Vorausdeutung auf Franz' Tod am Anfang des Romans (S. 7, 8).
	„Auf der anderen Straßenseite ging ein Fenster auf, eine Hand mit einer Schere erschien und schnitt einer Geranie den Blütenkopf ab. Er plumpste auf das Fensterbrett und fiel von dort auf den Gehsteig hinunter, wo er leuchtend liegen blieb." (S. 246) „[...] die Geranien leuchten in der Nacht, aber es ist ja ein Feuer [...]" (S. 250)	Am Ende des Romans steht Franz kurz davor, sein Leben zu verlieren. In der Nacht zuvor hat er von Geranien geträumt. Der Hoffnungsschimmer hat sich in ein Feuer verwandelt.

3.6   Stil und Sprache

Motiv/Bild/ Symbol	Zitate aus dem Text	Effekt
ein Zeichen setzen	„Und nur mit viel Mut oder Beharrlichkeit oder Dummheit oder am besten mit allem zusammen kann man hie und da ein Zeichen setzen!" (S. 224) „Vielleicht könne man da und dort ein Zeichen setzen, hatte der Professor gesagt, ein kleines Licht in der Dunkelheit, mehr könne man nicht erwarten. Aber auch nicht weniger, dachte Franz und hätte fast laut aufgelacht." (S. 237)	Franz setzt buchstäblich ein Zeichen und hisst Otto Trsnjeks einbeinige Hose vor dem Gestapo-Hauptquartier: „Wie ein riesiger Zeigefinger, der den Leuten den Weg weist." (S. 242)
Schleier	„Wie ein Schleier, dachte Franz, wie ein hauchzarter, dunkler Schleier. Und in diesem Moment war ihm alles klar. Für den Bruchteil einer Sekunde öffnete sich ein Fenster in die Zukunft, durch das die weiße Angst zu ihm hereinwehte [...]." (S. 158)	Vorahnung und Andeutung des kommenden Geschehens, wie sich die Welt mit der Herrschaft der Nationalsozialisten ändern wird.
Weberknecht	„In diesem Moment wurde ihr Blick fast gleichzeitig nach oben gelenkt, wo sich direkt über der Couch ein Weberknecht seinen Weg über die Zimmerdecke zitterte." (S. 219); „An der Decke hatte sich der Weberknecht wieder zu bewegen begonnen [...] und schien endgültig zu erstarren." (S. 221); „Warum um alles in der Welt darf der [Weberknecht] hierbleiben, während ich, der weltberühmte Begründer der Psychoanalyse, gehen muss!" – Der Weberknecht erzitterte kurz [...]" (S. 224); „Der Weberknecht war verschwunden." (S. 230)	Bildhafter Vergleich zu Freud: Freud, alt und zerbrechlich, würde gerne angesichts der Ereignisse um ihn herum erstarren und vor allem in Wien bleiben. Doch am Ende ist Freud wie der Weberknecht aus seiner Wohnung in der Berggasse 19 verschwunden.

3.7 Interpretationsansätze

Zusammenfassung

In Seethalers *Der Trafikant* geht es vor dem historischen Thema des Nationalsozialismus um das Erwachsenwerden des Franz Huchel (Adoleszenzroman,
Coming-of-Age-Roman) und seine besondere Freundschaft zu Sigmund Freud,
dem Begründer der Psychoanalyse und Traumdeutung. Exemplarisch dreht sich
dieses Kapitel daher um

- den *Trafikant* als Adoleszenzroman,
- Franz Huchel und die Liebe,
- Traumzettel und Traumdeutung.

Der Trafikant als Adoleszenzroman

Als Adoleszenzliteratur gelten gemeinhin „Texte, in denen die phy-
siologischen, psychologischen und soziologischen Aspekte des
Heranwachsens, zumeist zwischen dem 12. und 18. Lebensjahr,
thematisiert werden"[34]. Zentrale Motive sind u. a. die Auseinan-
dersetzung mit der eigenen Sexualität und mit der Gesellschaft.
Die Adoleszenz ist definitionsgemäß mit der Identitätsfindung
abgeschlossen. *Der Trafikant* lässt sich formal-gattungsmäßig als
Adoleszenzroman begreifen, da er der für das Genre typischen
Struktur der „Heldenreise" folgt und die Identitätsfindung von
Franz zum Ziel hat.

Die Figur Franz wird mit zwei typischen Motiven der Adoleszenzliteratur konfrontiert: Das erwachende Interesse für das
andere Geschlecht (vgl. S. 44) ebnet den Weg zur ersten Erfahrung mit Sexualität (Anezka). Der zeithistorische Hintergrund
(Nationalsozialismus) führt in den für das Genre typischen Konflikt mit der Gesellschaft. Am Ende emanzipiert sich Franz, wenn
er Ottos Hose vor der Gestapozentrale hisst.

---

34 Kolk, Rainer: *Adoleszenzliteratur*. In: Burdorf, Dieter; Fasbender, Christoph; Moennighoff,
Burkhard (Hg.): Metzler Lexikon Literatur. Stuttgart, Weimar: Metzler, 3. Aufl. 2007, S. 5.

Ein wichtiges Merkmal des Genres ist die Initiation, die z. B. als „Reise" dargestellt wird: Als eine erste Form der Initiation könnte z. B. der Moment gewertet werden, als Franz als reiner Tor vom Lande in der Großstadt Wien ankommt und recht bald mit Themen konfrontiert wird, die für seine Identitätsbildung wichtig sind: Freundschaft und Liebe, Lebenssinn und Tod, Familie und Gesellschaft, Juden und Nationalsozialismus.

Das Todesmotiv steht genretypisch symbolisch für das Sterben der alten Identität: So wird Franz zunächst durch Ottos Verschwinden gewissermaßen auf den Weg geschickt, seine Identität zu finden; die Erfahrung der Todesnähe ist auf der Ebene der thematischen Struktur das definitive Ende der Kindheit. Durch seine Freundschaft mit Freud und der Auseinandersetzung mit seinen Träumen reift Franz weiter. Die Nachricht vom Tod Ottos bringt ihn schließlich dazu, sich in seiner neu ausgebildeten Identität auch nach außen hin zu beweisen, zu zeigen, dass er kein „Burschi" mehr und tatsächlich erwachsen geworden ist und ein Zeichen setzen kann.

Franz Huchel und die Liebe

Erwachsen-
werden: Franz
wünscht sich eine
Partnerin

Franz Huchel hat bis zu seinem 17. Lebensjahr noch keine Erfahrungen mit Mädchen gesammelt. Von da, wo Franz herkommt, „verstehen die Leute vielleicht was von der Holzwirtschaft und davon, wie man den Sommerfrischlern das Geld aus den Taschen zieht. Von der Liebe verstehen sie rein gar nichts!" (S. 44) Deshalb vermutet er auch, dass sein sehnlichster Wunsch, endlich ein Mädchen kennenzulernen, das sowohl das „Herz als auch das Hirn" (S. 44) umrührt, nicht so einfach in Erfüllung gehen würde. Nachdem Franz mit Freud über dieses Thema gesprochen hat und dieser ihm mit den Worten: „Bislang haben das noch die allermeisten geschafft" (S. 44) Mut zuspricht, beschließt Franz, dass man die Sache jetzt eben angehen müsste.

Gleich am nächsten Samstag machte er sich schick, um im Wiener Prater „sein Glück in Gestalt eines passenden Mädchens zu finden" (S. 47). In der Schiffschaukel entdeckt er sie. Als er sie anspricht, kommt seine ganze bisherige Unerfahrenheit zum Tragen: „Guten Tag, ich heiße Franz Huchel, komme ursprünglich aus dem Salzkammergut und möchte mit Ihnen Riesenrad fahren." (S. 51 f.) Er spricht sie sehr förmlich an, ist aber erleichtert, als das Mädchen nicht in das Gelächter ihrer Begleiterinnen einfällt. Schließlich gehen sie beide auf ihren Wunsch zur Schießbude. Franz kann die Augen nicht von ihr lassen. „Überhaupt war alles rund an ihr: die kleinen Ohren, die Nase, die gewölbte Stirn, die geschwungenen Augenbrauen, die großen braunen Augen." (S. 53) Er wäre gerne „in diese Augen eingetaucht, ein Kopfsprung mitten hinein in die Glückseligkeit" (S. 53).

Sie heißt Anezka und ist eine Böhmin. Ihre von einer dunklen Lücke durchbrochene Zahnreihe vergleicht er gar mit einer Perlenkette. Er hat sich verliebt und „seine Säfte" wallen mit solcher Gewalt in seinem Körper herum, dass er für einen Augenblick fürchtet, „seine innere Aufrichtung zu verlieren und wie ein ausgeleerter Sack zu ihren Füßen niederzusinken" (S. 55). Als er an der Schießbude an der Reihe ist, macht ihm eine schmerzhafte Erektion zu schaffen, die er zu verbergen sucht, indem er seine Lenden so eng wie möglich gegen die Schießbudenbretter presst. Ganz um ihn geschehen ist es, als Anezka ihre Hand mit der Bemerkung auf seinen Hintern legt: „Schießen kannst ned, aber a scheenes Popscherl hast!" (S. 55) Beim abschließenden Tanz im Schweizerhaus, als er ihren Körper an sich spürt, kann er seine Erektion nicht mehr verbergen. Anezka, in der Liebe weitaus erfahrener als Franz, flüstert ihm die alles entscheidende Frage ins Ohr: „Haben wir gesoffen, haben wir getanzt – und was machen jetzt?" Der unerfahrene Franz missversteht sie jedoch gründlich und antwortet naiv nach seinem Kassensturz, was sie nicht hören möchte: „Ich hab noch zweieinhalb Schilling [...]. Das sind entweder vier Krügel Bier, ein paar Runden auf dem Schießstand oder eine Doppelrunde im Riesenrad!" (S. 58) Erstaunt über diese Aussage verabschiedet sich Anezka mit der

> Franz verliebt sich im Wiener Prater in die Böhmin Anezka

Ausrede „Gleich wieder da, Burschi!" (S. 58) und lässt Franz sitzen.

Anezka verschwindet und Franz kann sie nicht vergessen

Nach der Liebe lernt Franz nun gleich den Liebeskummer kennen, er kann Anezka nicht vergessen und sucht sie in den Wochen danach im Prater, aber leider vergeblich. Oft schleicht er ziellos durch die Straßen in seinem „nebeligen Schwebezustand zwischen Wachen und Träumen" (S. 65) und sieht überall sie: „Böhmisches Mädchen unter der Laterne. Böhmisches Mädchen hinterm Zaun. Böhmisches Mädchen im Hauseingang, das Gesicht von der Glut einer Zigarette erhellt. Böhmisches Mädchen im Schaufenster, die Arme nach ihm ausgestreckt und lächelnd." (S. 65 f.)

Franz holt sich Rat bei Freud

Er gesteht auch Otto Trsnjek seine Liebe zu dem Mädchen. Dieser gibt ihm in Liebesangelegenheiten jedoch nur den Rat, ins Hallenbad zu gehen und ein paar Runden zu schwimmen (S. 69). Franz' ganze Hoffnung ruht nun auf seiner Freundschaft zum Psychoanalytiker Sigmund Freud. Wenn nicht er, wer sollte sich sonst in der Liebe auskennen? Als Franz ihm seine Liebe zu dem böhmischen Mädchen gesteht, sieht Freud genau zwei Möglichkeiten: „Möglichkeit Nummer eins: Hol sie dir zurück! Möglichkeit Nummer zwei: Vergiss sie!" (S. 76) Obendrauf gibt Freud ihm noch das Rezept, nicht mehr über die Liebe nachzudenken und seine nächtlichen Träume aufzuschreiben (vgl. S. 78).

Franz steht für Anezka ein und prügelt sich mit dem Kellner

Franz startet am Neujahrsmorgen einen letzten Versuch, seine große Liebe doch noch wiederzusehen. Er kehrt ins Schweizerhaus zurück und versucht, dem Kellner mit Hilfe einiger Geldscheine Informationen über Anezka zu entlocken. Dabei legt er sich mit dem Kellner an, denn dieser spricht abschätzig über die „ausgefressene Landpomeranze" (S. 84), während Franz, verliebt wie er nun mal ist, Anezka nur durch eine rosarote Brille sieht. Nach einer kleinen körperlichen Auseinandersetzung erhält er schließlich die gewünschte Adresse.

Franz Erfahrung in der körperlichen Liebe

Sie wohnt in einem gelben Haus in der Rotensterngasse, das aussah wie eine „abrissreife Ruine" (S. 87). Franz ist überglücklich, als er sie dort wiedersieht. Sie gehen gemeinsam in ein Wirtshaus, wo Franz der äußerst hungrigen Anezka eine Portion nach der anderen bestellt. Dann folgt ihre Bezahlung für diese Dienstleistung und sie äußert, diesmal für Franz klar und verständlich: „Und jetzt will ich dich, Burschi!" (S. 91) Das versteht Franz nun richtig und sie führt ihn in der Trafik in die Geheimnisse der Liebe ein. Franz ist überwältigt.

> „Und während die Hose an seinen Beinen herunterrutschte und damit alle Last seines bisherigen Lebens von ihm abzufallen schien und er den Kopf in den Nacken legte und in die Dunkelheit unter der Decke hinaufblickte, hatte er für einen seligen Moment das Gefühl, die Dinge der Welt in ihrer unermesslichen Schönheit begreifen zu können." (S. 92)

Aber die erhoffte gemeinsame Beziehung kommt durch diese Liebesnacht nicht zustande, denn er trifft Anezka in den folgenden Tagen nicht mehr an. Unverhofft steht sie dafür einige Wochen später frierend in einem kurzen Mantel nachts vor der Trafik. Beide schlafen noch in derselben Nacht miteinander und Franz stellt sich vor, dass er am nächsten Morgen „um ihre Hand anhalten würde" (S. 96). Aber als Franz aufwacht, ist sie, die vermutlich nur einen warmen Platz zum Schlafen gesucht hatte, bereits wieder verschwunden. Franz bleibt Anezkas' Verhalten ein Rätsel: Dass sie ihn ausnutzt und ihm dafür ihren Körper bietet, erkennt er nicht.

Anezka steht nachts frierend vor der Trafik

Er gibt gegenüber Otto Trsnjek vor, zum Arzt gehen zu müssen, und folgt Anezka stattdessen heimlich zum Nachtlokal „Zur Grotte". Dort sieht er, wie Anezka sich als Indianermädchen langsam vor dem männlichen Publikum entblößt, und ist schockiert darüber. Wutentbrannt verlässt er das Lokal und stellt sie eifersüchtig zur Rede, als sie mit ihrem Kollegen das Lokal verlässt: „Der Herr de Caballé hat nicht nur ein Messer in seiner Hose, stimmts?" (S. 112) Er beleidigt Anezka, die ihn wieder „Burschi"

Liebe, Kummer und Eifersucht

(vgl. Kapitel 3.6) nennt, und kommt sich danach wie ein „dummer Bauernbub" (S. 113) vor – genau das, was er nicht mehr sein will oder nicht mehr zu sein glaubt. Aus verletztem Stolz hat Franz Anezka zur billigen Hure gemacht und ihr Geld fürs Ausziehen geboten. Er hat sich an der Liebe die Finger verbrannt wie der Nachtfalter (vgl. Kapitel 3.6) an der Glühbirne, der nun tot am Boden liegt und den er aufhebt und mit nach Hause nimmt.

Franz sucht Hilfe bei Freud und seiner Mutter

Franz trifft sich erneut mit Sigmund Freud, um Ratschläge zu erhalten. Aber er ist auch enttäuscht von Sigmund Freud, der ihm auf seine Bitte hin, ihm zu helfen, nur entgegnet: „Ich glaube, ich kann dir da nicht helfen […]. Die richtige Frau zu finden ist eine der schwierigsten Aufgaben in unserer Zivilisation."(S. 140) Auch seine Mutter befragt Franz in einem langen Brief zur Liebe: „Vielleicht ist die Liebe nichts für mich? [...] Weißt Du, ob ich zur Liebe tauge? [...] Weißt Du überhaupt etwas über die Liebe?" (S. 162) Während er auf ihre Antwort wartet, ergeht er sich in seinem Liebeskummer und bemalt sich den Arm mit Anezkas' Namen (S. 167). Als der Brief der Mutter endlich eintrifft, bestätigt sie seine widersprüchlichen Gefühle: „Die Liebe kommt und geht, und man kennt sich vorher nicht aus, und man kennt sich nachher nicht aus, und am allerwenigsten kennt man sich aus, wenn sie da ist." (S. 170) Mit ihrer Unterschrift „Deine Mutter" hat sie ihm als erwachsene Person geschrieben und ihn erwachsen behandelt. Am folgenden Morgen befolgt er erstmals Freuds Rat und schreibt seine nächtlichen Träume auf. Das Aufschreiben der Traumzettel wird zu seinem Ventil, mit seinem Kummer erwachsen umzugehen.

Zweifel an seinen eigenen Gefühlen für Anezka

Als Franz nach Otto Trsnjeks Tod bewusst wird, dass auch Anezka als Böhmin ein Opfer der Nationalsozialisten werden könnte, besucht er sie in der „Grotte", um sie zu warnen, zu retten und vielleicht doch noch für sich zu gewinnen, obwohl er sich seiner Gefühle für sie nicht mehr sicher ist:

„Anezka, ich weiß nicht, ob du mich noch willst, und ich weiß nicht, ob ich dich noch will, das ist jetzt auch egal, draußen sitzt die SS und klingelt mit den Sporen, aber vielleicht können wir weggehen, wir beide zusammen, mein ich, irgendwohin wo es ruhig ist, nach Böhmen von mir aus, hinter den dunklen Hügel, oder ins Salzkammergut, die Mama hätt bestimmt nichts dagegen, ich könnte eine Trafik aufmachen, und wir könnten heiraten, einfach so, weil dem lieben Gott ist das sowieso egal, und du wärst dann eine ... " (S. 206)

Doch auch dieser letzte Versuch scheitert kläglich. Franz muss beim letzten Zusammentreffen mit Anezka erkennen, dass sie schon längst mit einem SS-Mann liiert ist: Eine neue Beziehung, von der sie sich in der nationalsozialistischen Zeit nur eigene Vorteile verspricht. Als Franz enttäuscht die Garderobe verlässt, ist ihm endgültig klar geworden, dass er – jetzt fühlbar erwachsen, aber in Anezkas Augen immer noch der „Burschi" – nur eine ihrer zahlreichen Affären gewesen ist.

> Anezka hat neue Beziehung zu einem SS-Mann

Traumzettel und Traumdeutung

„Im Traum ist alles möglich und wir unternehmen Fantasiereisen: wir können plötzlich fliegen, zaubern, skurrile Welten durchstreifen und wir fühlen Angst und Euphorie, Wut und Trauer."[35]

Denn in der Nacht, so Franz im Roman, „stünde einem die eigene Vorsicht nicht mehr im Weg, und alle Ängste, Begehrlichkeiten und Spinnereien könnten ungehemmt durchs Hirn geistern." (S. 174) Forscher stellten zudem fest, dass die nächtlichen Fantasien viele Parallelen zum tagsüber Erlebten aufwiesen. So spie-

---

35 *Nachtruhe*. In: Geo Kompakt: *Schlaf und Traum*. S. 10.

geln sich Erfahrungen des Tages oft im Traum wider, aber als Zerrbilder.[36]

Bei dem Protagonisten Franz Huchel sind es atmosphärische Untertöne des Nationalsozialismus, die er mit persönlichen Erlebnissen (u. a. die unerfüllte Liebe zu Anezka, seine Familie etc.) nachts in seinen Träumen in Verbindung bringt.[37] Dies ist bei ihm beispielsweise in seinem ersten Traum, den er niederschreibt, der Stempel mit der Aufschrift „Zukunft", der dem Vater blutig auf die Stirn gedrückt wird (S. 173). Im Traumzettel vom 9. April 1938 eiert die Melodie des gespielten Liedes von der Liebe (S. 179), im Traumzettel vom 15. April blitzen im Prater Hakenkreuze und das Riesenrad, mit dem er beim Praterbesuch gerne zusammen mit Anezka gefahren wäre, walzt mit einem juchzenden Mädchen durch die Stadt (S. 180).

Sein Innerstes nach außen kehren

Franz kann sich an diese Träume im Nachhinein erinnern, da ihm sein väterlicher Freund Sigmund Freud zuvor den Rat gegeben hatte, diese „wirren Träume" sofort nach dem Aufwachen niederzuschreiben (S. 78). Mit dem Anbringen seiner Traumprotokolle an die Außenseite des Trafikschaufensters (S. 176) kehrt Franz nun buchstäblich sein Innerstes nach außen: Er zeigt den Passanten sein Innenleben, gewährt ihnen einen Blick in seine Psyche.

Unterschiedliche Reaktionen auf die Traumzettel an der Trafikscheibe

Franz handelt dabei entgegen der Konformität des Zeitgeistes und verleiht seiner Individualität Ausdruck. Er gibt Persönliches von sich preis und macht sich durch das unzensierte Veröffentlichen seiner unbewussten Wahrnehmung des Zeitgeschehens auch angreifbar.[38] Seine surrealen Traumzettel (S. 178) erregen bald die Aufmerksamkeit einzelner, später mehrerer Passanten und rufen gleichermaßen Interesse wie Irritation hervor: „Manche empörten sich wortlos [...]. Andere [...] riefen ein paar Beschimpfungen" (S. 177). Franz kann aber auch beobachten, „wie

---

36 *Nachtfantasien:* in: Ebd., S. 126.
37 Sosna, Anette: *Adoleszenz und Zeitgeschichte in Robert Seethalers Roman „Der Trafikant".*
38 vgl. ebd.

jemand beim Lesen ein wenig nachdenklich wurde und diese kleine Nachdenklichkeit still mit sich" (S. 179) davonträgt oder sich erheitert an etwas erinnert fühlt (vgl. S. 180).

Franz' Hoffnung ist, dass „ein wildfremder, an eine Auslage geklebter Traumzettel irgendwann doch [...] etwas bewirken oder bewegen" könne (S. 178):

> „[...] vielleicht geht es einzig und alleine darum, die Träume vollkommen erwartungslos mitzuteilen, sie praktisch wie im Lichtspielhaus einfach vom Kopfinneren auf die leere Leinwand der Außenwelt zu projizieren und damit im zufällig vorbeikommenden oder absichtsvoll herantretenden Betrachter irgendetwas zu wecken, mit ein bisschen Glück sogar etwas von Belang, Bedeutung oder Dauerhaftigkeit." (S. 175)

Freuds *Traumdeutung*

Franz schreibt lediglich die Träume selbst auf, die Traumzettel umfassen jeweils nur wenige Zeilen, eine Analyse und Deutung erfolgt nicht. „Der Traum ist knapp, armselig, lakonisch im Vergleich zu dem Umfang und zur Reichhaltigkeit der Traumgedanken. Der Traum füllt niedergeschrieben eine halbe Seite; die Analyse, in der die Traumgedanken enthalten sind, bedarf das sechs-, acht-, zwölffache an Schriftraum."[39] Sigmund Freud im Roman gibt Franz nur den Rat, seine Träume aufzuschreiben, er sagt ihm nicht, dass er sie analysieren soll oder wie er sie deuten kann.

Mit seinen an die Scheibe geklebten Traumzetteln geht Franz im Prinzip ähnlich wie Freud vor: Er drängelt „die Leute von ihren ausgelatschten, aber gemütlichen Wegen" ab, „um sie auf einen völlig unbekannten Steinacker zu schicken, wo sie sich mühsam ihren Weg suchen müssen, von dem sie nicht die geringste Ahnung haben, wie er aussieht, wie weit er geht und ob er überhaupt zu irgendeinem Ziel führt" (S. 141).

---

39 Freud: *Traumdeutung*. Kapitel 6. https://www.gutenberg.org/files/40739/40739-h/40739-h.htm

3.8 Schlüsselstellenanalysen

1. Schlüsselstelle: Die Trafik als Ort des Reifeprozesses von Franz Huchel

Kontext: Franz Huchel wächst bis zum Alter von 17 Jahren bei seiner alleinerziehenden und fürsorglichen Mutter im beschaulichen Nußdorf am Attersee im Salzkammergut auf. Als der Geldgeber und Liebhaber der Mutter, Alois Preininger, stirbt, setzt die Mutter Franz in den Zug nach Wien, damit er dort eine Lehre beginnt: Der junge Mann erlebt in der Trafik von Otto Trsnjek in Wien die politischen Veränderungen Ende der 1930er-Jahre hautnah und durchläuft einen Reifeprozess: vom stillen, naiven und orientierungslosen Bauernbub zum politisch Interessierten und Handelnden.

Schlüsselstelle: „Vor seinem Inneren tauchte die Zukunft auf wie ein weit entfernter Uferstreifen aus dem Morgennebel: noch ein bisschen undeutlich und verwischt, aber doch auch verheißungsvoll und schön. [...]" (S. 17) „Stattdessen wurde ihm ein bisschen schlecht und er musste sich am nächsten Gaslaternenmast festhalten." (S. 19)

Funktion: Franz Huchel ist als 17-Jähriger aus dem ländlichen Salzkammergut noch reichlich naiv, als ihn seine Mutter zu ihrem Bekannten Otto Trsnjek in die Großstadt Wien schickt, damit er dort in der Trafik arbeitet.

Seine Vorstellungen von Wien, die er sich im Zug macht, sind nur wage, „undeutlich", aber eben auch „verheißungsvoll und schön" (S. 17). Denn eigentlich hat Franz, der behütet auf dem Land, in der Natur des Salzkammerguts, aufgewachsen ist, keine reale Vorstellung von Wien und dem Leben. Seine weiteste Fahrt führte ihn bisher lediglich nach Salzburg. Berufliche Verpflichtungen kennt er nicht, denn ausschließlich seine Mutter sorgte – mit der finanziellen Unterstützung ihres Geliebten Alois Preininger – für den Lebensunterhalt.

Deshalb wird ihm nach der realen Ankunft in Wien und im „grelle[n] Mittagslicht" (S. 19) „ein bisschen schlecht und er musste sich am nächsten Gaslaternenmast festhalten". Franz hat mit dem Verlassen seiner Heimat im Salzkammergut seinen Halt verloren und muss sich in Wien erst orientieren.

Das erkennt auch der Trafikbesitzer Trsnjek, als er Franz in seiner Trafik begrüßt: „Dir hängt ja noch das halbe Salzkammergut an den Füßen!" (S. 23) Die Begrüßung deutet an dieser Stelle schon an, dass Franz noch viel zu lernen hat und sein altes und bisher beschaulich verlaufenes Leben erst abstreifen muss, um hier in der Großstadt erwachsen zu werden.

Schon zu Beginn seiner Ausbildung erfährt Franz von Ottos pessimistischen Zukunftsaussichten: „Die Leute sind ganz narrisch nach diesem Hitler und nach schlechten Nachrichten – was ja praktisch ein und dasselbe ist [...]." (S. 35) So richtig einordnen kann Franz diese politische Aussage zu dem Zeitpunkt noch nicht.

Doch schon im Oktober desselben Jahres wird er stummer Zeuge einer Auseinandersetzung zwischen Fleischermeister Roßhuber, einem eingefleischten österreichischen Nazi, und Otto Trnsjek. Am Schaufenster der Trafik stehen mit Hühnerblut geschrieben die Worte: „Schleich dich, Judenfreund!" (S. 61)

In den folgenden Monaten verschlechtert sich die Lage der Juden zusehends, bedingt durch den durch Hitler erzwungenen Rücktritt des österreichischen Bundeskanzlers Kurt Schuschnigg am 11. März 1938 und dem Einmarsch der deutschen Wehrmachtssoldaten, Polizisten und SS-Einheiten am nächsten Tag. Den Zeitungen kann man jetzt nur noch politisch einseitig gefärbte Meldungen entnehmen und es ereignet sich ein erneuter Anschlag auf die Trafik: Mit Gedärmehaufen, Blut und Dreck wird die Trafik total verwüstet und an der Eingangstür prangt der Schriftzug „Hier kauft der Jud" (S. 152). Das bringt nun auch Franz zum Nachdenken über die veränderten politischen Verhältnisse.

Und er wird mutiger! Als nach dem gemeinsamen Aufräumen der Trafik noch am selben Tag drei Männer aus einem dunklen Wagen aussteigen, die Trafik betreten und Otto Trsnjek wegen „Besitz und Verbreitung pornografischer Druckerzeugnisse" (S. 155) verhaften wollen, nimmt Franz die Schuld auf sich und gesteht den Männern, dass er der Besitzer der „Heftln" (S. 156) sei: „die Wahrheit ist die Wahrheit und aus!" (S. 157) Doch seine Bemühungen sind vergeblich, Otto wird abgeführt. Franz denkt in diesem Moment: „einfach so stehen bleiben und sich nicht mehr bewegen. Dann würde die Zeit an einem vorbeitreiben, und man müsste nicht mehr mitschwimmen oder dagegen anstrampeln" (S. 159). Wahrscheinlich wünscht er sich in diesem Augenblick ins Salzkammergut seiner Jugendtage zurück, als die Mutter für alles sorgte und Franz keine Sorgen kannte.

Aber Franz rafft sich auf und ist inzwischen bereit, Verantwortung zu übernehmen: Er führt die Trafik in Eigenregie weiter. In einem Brief an seine Mutter bringt er sein Unverständnis über den neuerlichen Hass auf die Juden zum Ausdruck: *„Ich weiß sowieso gar nicht, warum die Leute alle derart draufhauen auf die Juden. Auf mich wirken sie eigentlich ganz anständig."* (S. 163) Dabei denkt er insbesondere an den Juden Sigmund Freud, mit dem er sich angefreundet hat und um den er sich neben Otto Trsnjek besonders sorgt in diesen „komische[n] Zeiten" (S. 164).

Am 17.5.1938 erfährt Franz dann vom Tod Otto Trsnjeks: Er sei „seinem nicht näher zu bestimmenden Herzleiden erlegen" (S. 192) ist dem Brief der Gestapo zu entnehmen, der zusammen mit den Habseligkeiten Otto Trsnjeks zu Franz in die Trafik gebracht wird. Kurz vor Ladenschluss sucht Franz den Nationalsozialisten Roßhuber auf, schlägt ihm ins Gesicht und beschuldigt ihn, Otto an die Gestapo verraten zu haben (S. 194 f.). Hat Franz vorher der Auseinandersetzung Trsnjeks mit Roßhuber nur schweigend zugesehen (vgl. S. 61), übernimmt er hier Otto Trsnjeks Position und geht Roßhuber aktiv an.

In der Nacht zum 5. Juni hisst Franz am mittleren der drei großen Fahnenmasten vor der Gestapozentrale die einbeinige Hose Otto Trsnjeks, die sich für einen kurzen Augenblick im Wind zu einer Art Zeigefinger formte, „der den Leuten einen Weg weist" (S. 242). Am nächsten Tag wird schließlich auch Franz von der Gestapo verhaftet.

Franz ist in Wien erwachsen geworden. Aus dem naiven, aber keineswegs dummen Franz aus dem Salzkammergut ist ein Mann geworden: Sah er im Zug nach Wien seine Zukunft „undeutlich und verwischt" (S. 17) vor sich, sieht er der Realität nun ins Auge, steht zu seinen festen Überzeugungen und vertritt seine Meinung auch bei Gefahr für das eigene Leben, mutig und öffentlich. Nach der Abfahrt von Sigmund Freund am Bahnhof, wird ihm das selbst plötzlich klar: „Vor dem Bahnhofseingang stand die Gaslaterne, an der Franz sich damals gleich nach seiner Ankunft in Wien festklammern musste. [...] Und plötzlich wurde ihm bewusst, dass es diesen Buben nicht mehr gab." (S. 236)

2. Schlüsselstelle: Sigmund Freud weckt bei Franz Huchel den langersehnten Wunsch nach einer Beziehung zu einem Mädchen.

Kontext: Der Jude Sigmund Freud ist gerade als Stammkunde in der Trafik des kriegsversehrten Otto Trsnjek bedient worden und hat die Trafik verlassen, als Franz Huchel bemerkt, dass er seinen Hut in der Trafik vergessen hat. Er läuft Freud nach und begleitet ihn bis zu seiner Wohnung in der Berggasse Nr. 19. Auf dem Weg dorthin macht der Professor Franz den Vorschlag, sich ein Mädchen zu suchen und sich zu amüsieren. Diese Anregung wird von Franz anschließend sogleich in die Tat umgesetzt: Er macht sich auf die Suche nach einem Mädchen – und findet die 20-jährige Böhmin Anezka.

Schlüsselstelle: „Hast du nichts Besseres zu tun, als die angestaubten Schinken alter Herren zu lesen?", fragte er. „Was zum Beispiel, Herr Professor?" „Das fragst du mich? Du bist jung.

Geh an die frische Luft. Mach einen Ausflug. Amüsier Dich. Such
Dir ein Mädchen" (S. 43)

[...] „Ja, dachte er, ja, ja, ja! [...] Ein Mädchen!" (S. 44)

[...] Endlich hatte er das ausgesprochen, was ihm schon seit
langer Zeit, im Grunde genommen schon seit dem Tag, an dem
seine ersten Schamhaare zaghaft zu sprießen begonnen hatten,
sowohl das Hirn als auch das Herz umrührte. (S. 44)

Funktion: Der 17-jährige Franz Huchel ist unbedarft und naiv
in Liebesdingen. In seiner Heimat, dem ländlichen Salzkammergut, „verstehen die Leute vielleicht was von der Holzwirtschaft
und davon, wie man den Sommerfrischlern ihr Geld aus den Taschen zieht. Von der Liebe verstehen sie rein gar nichts!" (S. 44)
Franz hat also in jeder Hinsicht viel zu lernen. Das trifft auch auf
das Thema Liebe zu, in dem er, wie jeder Teenager, erst noch
Erfahrungen sammeln muss.

Als Franz nach der Anregung durch Professor Sigmund Freund
zum Wiener Prater fährt, um ein Mädchen kennenzulernen, trifft
er dort Anezka, ein 20-jähriges böhmisches Mädchen. In Liebesdingen ist sie jedoch, ganz im Gegensatz zu Franz, sehr erfahren. Beim Tanzen flüstert sie ihm verschwörerisch zu: „Haben
wir gesoffen, haben wir getanzt – und was machen wir jetzt?"
(S. 56) Doch Franz versteht die sexuelle Anspielung ihrer Aussage gar nicht und antwortet stattdessen unbeholfen: „Ich hab
noch zweieinhalb Schilling [...]. Das sind entweder vier Krügel Bier, ein paar Runden auf dem Schießstand oder eine Doppelrunde im Riesenrad!" (S. 57–58) Anezka blickt ihn ungläu-
big an, geht Richtung Toilette und verschwindet, ohne sich von
Franz zu verabschieden, der vergeblich auf ihre Rückkehr wartet.
Für Anezka war klar, dass ein Mann, der sie den ganzen Abend
finanziell aushält, dafür eine sexuelle Gegenleistung erwartet.
Doch dem sexuell unerfahrenen Franz kam dieser Gedanke überhaupt nicht. Und so dauert es sehr lange, bis er endlich begreift,
dass sie ihn sitzengelassen hat – ohne den Grund dafür zu erahnen.

In den folgenden Wochen sucht Franz immer wieder nach Anezka, denn er kann sie einfach nicht vergessen. An jeder Ecke begegnet ihm das böhmische Mädchen. „Böhmisches Mädchen unter der Laterne. Böhmisches Mädchen hinterm Zaun. Böhmisches Mädchen im Hauseingang, das Gesicht von der Glut einer Zigarette erhellt. Böhmisches Mädchen im Schaufenster, die Arme nach ihm ausgestreckt und lächelnd." (S. 65–66) Dass er sich unsterblich in Anezka verliebt hat, ist sogar seiner Mutter, mit der er sich regelmäßig durch Karten und Briefe austauscht, per Ferndiagnose klar. *„Lieber Franzl, hast Du Dich vielleicht verliebt? Das wäre nämlich eine Erklärung für Deine Zustände. Sich verlieben heißt ja bekanntlich: sich nicht mehr auskennen."* (S. 66)

Schließlich gelingt es Franz, Anezka in einem abrissreifen Haus in der Rotensterngasse aufzuspüren, wo sie mit anderen böhmischen Frauen wohnt, die „wahlweise als Kindermädchen, Köchin oder Haushaltshilfe, und zwar ohne behördliche Genehmigung" (S. 90) arbeiten. In der Folgezeit treffen sich Franz und Anezka ein paar Mal und es kommt zum Sex: Für Anezka die Form der Bezahlung für die Zweisamkeit und das Essen, mit dem Franz sie aushält. Sie ist nicht in Franz verliebt und auch nicht an einer dauerhaften Beziehung mit dem „Burschi" (vgl. S. 91) interessiert. Für sie ist Franz „ein kleiner unerfahrener Junge", der ihr grundsätzlich keinen Vorteil in ihrem Überlebenskampf bringt.

Die Liebe ist für Franz von Glückgefühlen und Enttäuschungen geprägt. Trotz seiner Wut und seiner Eifersucht, die ihn rasend macht, als er u.a. mit ansehen muss, wie Anezka sich in einem Nachtlokal vor fremden Männern auszieht (S. 108–109), sorgt er sich um sie. Nach dem Tod von Otto Trsnjek (S. 191 ff.) möchte er unbedingt vermeiden, dass sie als Böhmin von den Nationalsozialisten verhaftet wird.

Aus diesem Grunde nimmt er seinen Mut zusammen und will sie unbedingt warnen. Er sucht sie – trotz ihrer abweisenden und unverbindlichen Haltung ihm gegenüber – deshalb erneut im Nachtlokal auf, gesteht ihr seine ganze Liebe und macht ihr sogar einen Heiratsantrag (S. 206). Doch Anezka ist nur auf sich bedacht und lässt sich daher sogar mit einem Nazi ein, weil sie sich davon persönliche Vorteile verspricht (S. 206–208): Sie wird in Seethalers Text als klassische Mitläuferin im NS-System charakterisiert. Selbst die Verhaftung von Heinzi, quittiert sie lediglich mit einem Schulterzucken (S. 204). Abermals enttäuscht verlässt Franz daraufhin das Nachtlokal und beide sehen sich nicht mehr wieder.

Franz Huchel durchläuft in *Der Trafikant* einen Reifeprozess: politisch und auch in Liebesdingen. Erst durch die Gespräche mit seinem väterlichen Freund Sigmund Freud wird er hier ermutigt und sammelt im Umgang mit Anezka erste sexuelle Erfahrungen – und erfährt den ersten Liebeskummer.

3. Schlüsselstelle: Die Mutter von Franz hat eines Nachts das Gefühl, dass ihrem Sohn bald etwas Unangenehmes zustoßen könnte.

Kontext: Franz Huchel bleibt auch nach dem Beginn seiner Lehre in der Trafik von Otto Trsnjek in Kontakt mit seiner Mutter, die ihn sehr liebt. Sie schreiben sich gegenseitig Ansichtskarten und halten den jeweils anderen mit Nachrichten aus der Ferne bzw. der Heimat auf dem Laufenden. Eines Nachts beschleicht die Mutter von Franz ein ungutes Gefühl und die Befürchtung, dass ihrem Sohn im fernen Wien etwas zustoßen könnte. Ihre Vorahnung bestätigt sich, als Franz von der Gestapo in der Trafik verhaftet wird und verschwindet.

Schlüsselstelle: „Die ganze Nacht über war Frau Huchel wachgelegen und hatte in die tiefe Dunkelheit zwischen den Deckenbalken hinaufgestarrt. Schon im Laufe des gestrigen Abends hatte sich eine merkwürdige Unruhe in ihr ausgebreitet, ein Unwohlsein, wie ein leichtes Fieber. […] Als in der Abzugsluke über dem Herd der Mond auftauchte und den Raum mit seinem fahlen Licht füllte, legte sie ihre rechte Hand auf ihr Herz und weinte.

Für ein paar Minuten fand sie Frieden, doch dann breitete sich die Unruhe wieder in ihr aus und vertrieb die letzten Tränen. [...] Sie stand auf und ging hinaus. Barfuß ging sie zum See hinunter. [...] Ein Schwarm junger Saiblinge flirrte um ihre Knöchel, hoch über ihr segelten Kormorane vorbei, und drüben lösten sich die drei großen Hakenkreuze aus dem Dunst. Die Mutter hörte ihr Herz pochen. Ein kleiner Schauder lief ihr den Rücken hinunter, und obwohl es warm war, zitterte sie. „Mein Bub", sagte sie und schloss die Augen. „Wo bist Du, mein Bub?" (S. 243–244)

Funktion: Franz wird während seiner Ausbildung als Lehrling in der Trafik immer reifer, verantwortungsvoller und mutiger. Hat er zu Anfang noch den Rat und die Begleitung seiner „Mama" im regelmäßigen Austausch von Ansichtskarten gebraucht, merkt seine Mutter im Laufe der Zeit, dass er in der Großstadt Wien gut selbst zurechtkommt und erwachsen geworden ist. Folglich schließt sie ihren letzten Brief auch mit den Worten: *„Mein lieber, lieber Bub, ich hab Dich immer in meinem Herzen! Deine Mutter"* (S. 172)

Aus dieser Liebe zu ihrem Sohn heraus ahnt sie nachts zitternd, dass ihrem Sohn etwas Schreckliches widerfahren ist. Franz' Mutter ist auch deshalb besorgt, weil sich mit dem Einmarsch der Nationalsozialisten selbst im provinziellen Nußdorf einiges zum Schlechteren verändert hat und sie den Nationalsozialisten grundsätzlich nicht wohlgesonnen ist. *„Auch wenn die Juden noch so anständig sind, was nützt ihnen das, wenn sich um sie herum die ganze Anständigkeit schon längst verabschiedet hat?"* (S. 170) Sie erzählt Franz von den Veränderungen der Leute in Nußdorf und fragt, *„mein lieber Bub, wo soll das alles hingehen? Der Preininger ist tot, und Du bist so weit weg. Manchmal lieg ich im Bett und heul in die Polster hinein, weil niemand mehr da ist, auf den ich aufpassen kann"* (S. 169).

Der lange Brief der Mutter am Ende des Romans verdeutlicht nur zu gut, was Frau Huchel für ihren Sohn empfindet und was er ihr bedeutet. Daraus lässt sich dann auch ihre Reaktion in der

Schlüsselstelle erklären, nämlich ihre Furcht vor dem Verlust des Sohnes. In Nußdorf hat sie mit dem Tod Preiningers bereits ihren Geliebten verloren, die Liebelei mit einem Fremdenführer hatte sich zerschlagen und durch ihr Verhalten gegen den Wirt hat sie nun auch ihre Arbeitsstelle verloren (S. 244): Sie erscheint im Dorf isoliert und allein. Ähnlich wie ihr Franz in Wien.

Frau Huchel spürt die Furcht um ihren Sohn auch körperlich, indem sich eine unerklärliche „Unruhe" in ihr ausbreitet und sie ihr „Herz pochen" hört (S. 244). Sie erinnert sich im letzten Brief an Franz, der im See schwamm „wie ein junger Saibling im Frühling" (S. 171). In der besagten Nacht der Schlüsselstelle steht Frau Huchel nun ebenfalls im See. „Ein Schwarm junger Saiblinge flirrte um ihre Knöchel, hoch über ihr segelten Kormorane vorbei, und drüben lösten sich die drei großen Hakenkreuze aus dem Dunst." (S. 244) Diese Hakenkreuze korrespondieren mit den drei Standartenmasten mit „Hakenkreuzbanner" (S. 240), die in Wien vor der Gestapo-Zentrale, dem Hotel Metropol, stehen. Dort zog Franz Otto Trsnjeks Hose auf und wird deshalb anschließend von der Gestapo verhaftet. Die Kormorane – schwarz und bedrohlich – sieht Franz' Mutter am Himmel wie ein aufkommendes Gewitter. Zitternd fragt sich Frau Huchel: „Wo bist Du, mein Bub?" (S. 243)

Der Roman lässt offen, was genau mit Franz nach dessen Verhaftung durch die Gestapo passiert. Der Tod seines Lehrherrn Otto Trsnjek lässt jedoch erahnen, dass Kritiker des Nationalsozialismus nach der Verhaftung keine Gnade erfahren, sondern der Gewaltherrschaft der Nationalsozialisten schutz- und rechtlos ausgesetzt sind. „„Meinetwegen kannst Du auch der Franz aus den Tiroler Bergen sein', sagte der Verhärmte freundlich, ,oder der Hans aus Unterfladnitz oder sonst irgendjemand von sonst irgendwoher. Wir machen da keine Unterschiede. Im Hotel Metropol sind alle Gäste gleich." (S. 247)

Vermutlich erleidet Franz das gleiche Schicksal wie Otto, der ja auch „Gast" im Hotel Metropol war und dort den Tod gefunden hat. Als Anezka sieben Jahre später die Trafik aufsucht, sieht es nicht so aus, als ob Franz diesen Ort nach seiner Verhaftung jemals wieder aufgesucht hätte (vgl. S. 247–250). Die schlechte Vorahnung von Frau Huchel in der Schlüsselstelle hat sich offensichtlich bestätigt.

4. Schlüsselstelle: Hubert Panstingl (der „Rote Egon") begeht Selbstmord nach dem Einmarsch der Deutschen in Österreich.

Kontext: Hubert Panstingl, auch wegen seiner sozialistischen Einstellung als der „Rote Egon" bekannt, ist ein „bezirksbekannter Spiegelsäufer" (S. 32) und regelmäßiger Kunde in der Trafik von Otto Trsnjek, wo er seine filterlosen Zigaretten kauft. Am Abend vor dem Einmarsch der Deutschen nach Österreich setzt er nach der Rede von Kurt Schuschnigg den vorbereiteten Plan um, eine Stoffbahn mit freiheitlichen Ideen vom Dach seines Hauses zu entrollen. Anschließens begeht er Selbstmord, ehe er in die Hände eines nationalsozialistischen Mobs fallen kann.

Schlüsselstelle: „Am Abend darauf saß der Rote Egon in seiner Souterrainwohnung in der Schwarzspanierstraße und lauschte [...] der Stimme Kurt Schuschniggs [...]. Dann [...] holte [er] eine zu einem dicken Ballen zusammengerollte Stoffbahn [...] und verließ seine Wohnung, ohne abzuschließen. [...] Vorsichtig ging er über die leichte Schräge bis ganz nach vorne an den Dachrand und setzte sich. Mit wenigen Hammerschlägen befestigte er ein Ende der Stoffbahn am geteerten Dachbelag, anschließend ließ er die Rolle einfach über die Regenrinne gleiten. [...] Er inhalierte tief und mit geschlossenen Augen. [...] Er verlagerte sein Gewicht nach vorne, schnippte die Filterlose in die Tiefe und stürzte ihr hinterher. [...]

‚Weißt du, was auf dem Transparent geschrieben war?', flüsterte [Otto]. Franz schüttelte stumm den Kopf. ‚DIE FREIHEIT EINES VOLKES BRAUCHT DIE FREIHEIT SEINER HERZEN. ES LEBE DIE FREIHEIT! ES LEBE UNSER VOLK! ES LEBEN ÖSTERREICH!'" (S. 143–148)

Funktion: Die Ansprache des Kanzlers Schuschnigg am 11. März 1938 und sein angekündigter Rücktritt vom Amt bestätigt die Befürchtungen des „Roten Egon", dass die Meinungsfreiheit der Österreicher von nun an ein Ende gefunden hat und die National-sozialisten endgültig das Sagen haben werden. Geschichtlicher Hintergrund ist die von Schuschnigg geplante Volksbefragung zum Anschluss Österreichs an Hitler-Deutschland für den 13. März, die auch im Sinne der Sozialdemokraten gewesen wäre, und der Schuschnigg in seiner Rede gezwungenermaßen eine Absage erteilt.

Die Schlüsselstelle ist eine Bestätigung der Vorahnung des „Roten Egon", die dieser bereits als Kunde der Trafik geäußert hat: „Kaum hatte er die Tür aufgestoßen, begann er von Revolu-tionen zu reden, von Aufständen, Umbrüchen oder Umstürzen, die längst schon irgendwo im Gange seien und die die auf den Knochenmehlbergen der zermürbten, zerdrückten und zermahle-nen Arbeiterschaft errichtete Kapitalistenwelt in ihre verdienten Trümmer reißen würde." (S. 32) Die Welt der Nationalsozialis-ten ist nicht die Welt des überzeugten Sozialdemokraten Hubert Panstingl, denn „irgendwie hinter seiner hohen Stirn flackerte ein Feuer, das nie zu erkalten schien" (S. 32).

Für Otto Trsnjek ist das Lesen der *Reichspost* am Tag nach Panstingls Selbstmord die Bestätigung dafür, dass die National-sozialisten Personen mit anderen Ansichten mundtot machen. In den Medien wie der *Reichspost* werden Fakten verdreht oder gänzlich verfälscht und NS-Gegner als gefährliche Sonderlinge gebrandmarkt. Dagegen werden die Untaten von Anhängern der Nationalsozialisten als heldenhaft dargestellt. Diese Desinforma-tion geschieht, um die Bevölkerung hinter sich zu versammeln. Otto Trsnjek zitierte gegenüber Franz Huchel aus der Zeitung:

„,Feiger Anschlag vereitelt! Wie erst gestern bekannt wurde, konnte durch das mutige Eingreifen einiger Wiener und Wie-nerinnen ein hinterhältiger Anschlag auf die neue Geistesfrei-heit unseres Reiches vereitelt werden ... [...]' ,Ha!' [...] „Neue

Geistesfreiheit" [...]: ‚Der [...] Bolschewist und Arbeitslose Hubert Panstingl gelangte in den Abendstunden auf das Dach des von ihm bewohnten Mietshauses in der Schwarzspanierstraße. Dort konnte er ungestört zur Umsetzung seines Plans schreiten. Er entrollte ein offenbar eigenhändig hergestelltes Transparent, das mit seinen hier nicht wiederzugebenden Schmiereien auf verabscheuungswürdige Weise unser Reich, unser Volk und unsere hoffnungsfrohe Heimatstadt verunglimpfen sollte.'" (S. 146–147)

Der Sozialist Panstingl wird als asozialer und gewalttätiger Kommunist dargestellt und als Bolschewist verunglimpft. In der Zeitung kann er nur durch das heldenhafte Einschreiten von angeblich guten Wiener Bürgern von weiteren Untaten abgehalten werden. Statt ein Bedauern des zu Tode gekommenen Hubert Panstingl auszudrücken, schließt der Zeitungsartikel ganz im Sinne der nationalsozialistischen Denkweise mit den Worten: „Glücklicherweise wurde bei dem Aufprall auf das Trottoir niemand verletzt." (S. 148)

Franz Huchel macht das nachdenklich und bestärkt ihn in der Ablehnung des nationalsozialistischen Gedankenguts, in dem Unwahrheiten zu Wahrheiten und Wahrheiten zu Unwahrheiten werden: „Die Wahrheit der Morgenausgabe ist praktisch die Lüge der Abendausgabe, dachte er, was allerdings wiederum für die Erinnerung keine allzu große Rolle spielt. Erinnert wird nämlich meistens sowieso nicht die Wahrheit, sondern nur das, was laut genug herausgebrüllt oder eben fett genug abgedruckt wird." (S. 149) „Die Wahrheit ist die Wahrheit und aus!" (S. 157) kann als Motto von Franz Huchel gesehen werden.

Die nationalsozialistische Propaganda verdreht die Wahrheit nach ihrem Gutdünken, wie man am Beispiel der Schlüsselstelle erkennt. Ebenso wird der plötzliche Tod Otto Trsnjeks im Gewahrsam der Gestapo als Tod durch „Herzleiden" verkauft (vgl. S. 192) und „ein ältlicher Polizist" – Vertreter der Staatsmacht – verschwindet wieder, ohne den Vandalismus in der Trafik zu untersuchen (S. 154). Die Grundrechte der Bürger werden ausgehebelt.

Die Schlüsselstelle um den „Roten Egon" zeigt aber auch den Widerstand gegen den Nationalsozialismus im Kleinen, der Menschen wie Hubert Panstingl, Otto Trsnjek oder Franz Huchel zum Nachdenken bringt und sie nicht ohnmächtig, sondern zielgerichtet gegen das nationalsozialistische System protestieren lässt – auch indem sie für ihre Überzeugung mit dem Leben bezahlen.

Zusammenfassung

- *Der Trafikant* und besonders Seethalers Sprache wurden allgemein wohlwollend vom Publikum aufgenommen und von der Literaturkritik gelobt. Lediglich die Darstellung Freuds und seiner Dialoge mit Franz riefen teilweise Kritik hervor.
- Der Roman ist inzwischen als Hörbuch erhältlich und als Theaterfassung auf der Bühne zu sehen. Der Roman wurde auch bereits verfilmt (2018).

Nach Erscheinen des Romans 2012 im Verlag Kein & Aber (vgl. Kapitel 3.1) wurde ihm viel Beachtung geschenkt und *Der Trafikant* erhielt überwiegend positive Kritiken.

Andreas Platthaus lobt Seethalers Sprache und den bösen Zauber des Romans:

Bewegende
Sprache

„Der Roman beschönigt nichts; es gibt keine Rettung aus dem Wiener Totentanz des Jahres 1938. Doch eine wurschtelt sich durch: Anezka, die dralle Böhmin, eine Artistin, in die sich Franz im Prater verguckt hat und die ihn liebt, aber eben nicht nur ihn. Menschen mit festen Überzeugungen kommen um im ‚Trafikant‘. Bis auf die Mutter, die an der Peripherie bleibt, aber ihrem Franz mit der schriftlich immer neu bestätigten Liebe den Rücken stärkt. Am Ende wird der Tor wissend geworden sein, und doch versperrt er, als ihn die Schergen abholen, die Tür zur Trafik: ‚Weil wer weiß schon, was sein wird?‘ Wir wissen es, und Seethaler weiß das. Aus diesem wechselseitigen Wissen entsteht der böse Zauber dieses Romans."[40]

---

40 http://www.faz.net/aktuell/feuilleton/buecher/rezensionen/belletristik/robert-seethaler-der-trafikant-freuds-freund-11947460.html

Eine typische Trafik um 1925 in Wien: verkauft werden Zeitungen, Zeitschriften und Tabakwaren. © picture alliance / IMAGNO / Austrian Archives

Samira Lazarovic vom Fernsehsender *n-tv* merkt in einem Interview mit Seethaler an, dass Seethaler „fein, humorvoll und mit Tiefe" erzählt.[41] *Der Spiegel* schreibt, dass der Roman trotz des geschichtlich belastenden Themas für die Leser ein Gewinn ist:

„Mit großer Leichtigkeit erzählt Robert Seethaler [...] wie Belesenheit und wachsende Klugheit das Leben zwar reicher, aber auch komplizierter machen. Und dass, wer einmal anfängt nachzudenken, die Augen nicht mehr verschließen kann vor dem, was er begreift. Gleichzeitig gelingt dem österreichischen Autor das Kunststück, seine Leser nach der Lektüre des Romans beschwingt zurückzulassen."[42]

---

41 http://www.n-tv.de/leute/buecher/Freud-und-Leid-article10008306.html
42 http://www.spiegel.de/spiegel/print/d-90638330.html

Clementine Scorbil findet, dass Freud sich als literarische Figur bestens eignet und der Coming-of-Age-Roman von Seethaler gut komponiert wurde:

Coming-of-Age-Roman

> „Robert Seethaler ist mit dem Buch ‚Der Trafikant' ein rundum stimmiger, kompakter Coming-of-Age-Roman gelungen. Auch das Sexuelle wird unprätentiös, realistisch und fernab jeder Schlüssellochperspektive erzählt. Da ist kein Wort zu viel. Und ganz sicher keines zu wenig."[43]

Andreas Tiefenbacher dagegen kritisiert die Darstellung der historischen Person Sigmund Freuds im Roman:

Freud als litera-rische Figur

> „Ein wenig zu leichtfertig wird auch mit der historischen Figur Sigmund Freuds umgegangen, der als kleiner, alter, gebrechlicher Herr richtiggehend harmlos erscheint. Es gibt eine Reihe von ihm in den Mund gelegten, pauschalierend daherkommenden Äußerungen (wie zum Beispiel, dass man Frauen behandeln soll wie Zigarren, denn ‚wenn man zu fest an ihnen zieht, verweigern sie den Genuss' oder ‚Die Liebe ist immer ein Irrtum', weil man ja eigentlich ‚in einer immerwährenden Dunkelheit' herumtapst und nur mit viel Glück ‚manchmal ein Lichtlein aufflammen' sieht), von denen mehr Wahrsagermentalität auszugehen scheint, als dass man sie mit einer intellektuellen Persönlichkeit von Weltruf in Verbindung bringen würde."[44]

Auch **Manfred Papst** kritisiert die Darstellung Freuds und vor allem die fiktiven Dialoge zwischen Franz und ihm:

---

43 http://diepresse.com/home/kultur/literatur/1303633/Robert-Seethaler_Der-alte-Freud-und-der-junge-Franz
44 http://www.literaturhaus.at/index.php?id=9868

„Natürlich ist es immer gefährlich, historische Personen in einem fiktionalen Kontext vorzuführen, und in der Tat gehören die Gespräche zwischen Franz Huchel und Sigmund Freud nicht zu den stärksten Passagen in Seethalers sonst bemerkenswert kohärentem Roman. Dass Freud in amourösen Dingen so hilflos ist wie der Bursche Franz, ist zwar lustig. In ihrer Saloppheit wirken die Dialoge indes ein wenig aufgesetzt. Dass Freud ausgerechnet gegenüber einem Kioskgehilfen eine launige, selbstironische Summe seiner Lehre ziehen soll, erscheint kaum glaubhaft – zumal Lockerheit in eigener Sache gerade nicht zu den verlässlich überlieferten Zügen seines Charakters zählt. Doch bis auf diese Unterhaltungen gelingt Seethaler fast alles."[45]

„Augsburg liest ein Buch"

In Augsburg wurde Seethalers *Trafikant* im Jahr 2014 Mittelpunkt des Projektes **„Augsburg liest ein Buch"** mit zahlreichen Veranstaltungen rund um den Roman und mit Autor Robert Seethaler.[46] Ein **Hörbuch** zum *Trafikanten*, gesprochen von Robert Seethaler selbst, erschien ebenfalls 2014.

Bühnenfassung von Seethaler

Als **Theaterstück** wurde der Roman erstmalig am Salzburger Landestheater im Januar 2016 uraufgeführt (Dramatisierung: Volkmar Kamm). Inzwischen gibt es auch eine Bühnenfassung von Robert Seethaler selbst, die im November 2016 auf der Württembergischen Landesbühne uraufgeführt wurde.[47] 2018 kam die **Verfilmung** in die Kinos (Regie: Nikolaus Leytner, Drehbuch: Klaus Richter, Nikolaus Leytner). Mittlerweile wird der Roman auch als **Schullektüre** eingesetzt.

Trailer von
Der Trafikant

---

45 http://static.nzz.ch/files/5/8/9/BamS_Januar_2013_1.17973589.pdf
46 https://de-de.facebook.com/augsburgliesteinbuch/
47 http://www.wlb-esslingen.de/de/10/Der-Trafikant-UA,26.html

Äußerungen von Robert Seethaler

In diversen Interviews machte Robert Seethaler Aussagen zu seinem Roman *Der Trafikant*:

„Es sind schon auch eigene Erinnerungen, man kann ja nur aus dem eigenen Erfahrungsgrund schöpfen, aber ich versuche, andere Bilder für bestimmte Empfindungen zu finden – so habe ich etwa nie wie der Franz im Sommer auf dem Grund eines Sees gesessen und dem Wasser gelauscht, so Seethaler."[48]

„Ich renne nicht in der Gegend herum und schaue mir die Menschen nach ihrer literarischen Verwertbarkeit an."[49]

„Ich wollte zunächst ein Buch über Freud schreiben. Ich mag den Alten, auch wenn er nicht unproblematisch ist. So war sein Frauenbild recht eigenartig. Und im Grunde ist ja diese ganze Psychoanalyse ein Hirngespinst, eine hanebüchene Idee – aber in sich stimmig."[50]

„‚Es gab schon Widerstände gegen die Idee ausgerechnet über Freud zu schreiben.' [...] Und es sei auch tatsächlich schwierig gewesen, über eine derart bekannte Person etwas Neues zu schreiben. ‚Da hat aber der frische Blick durch die Augen des naiven Franz geholfen.'"[51]

---

48 http://www.n-tv.de/leute/buecher/Freud-und-Leid-article10008306.html
49 Ebd.
50 Ebd.
51 Ebd.

„Wahrscheinlich hat ihn [Franz] gerade seine fast noch kindliche Unbedarftheit vor möglichen Verführungen [der Nationalsozialisten] geschützt. Franz staunt. Und die Verführung kommt oft erst nach dem Staunen."[52]

„Ich hatte als Jugendlicher auch Vorbilder, aber Vorbildern nachzueifern bedeutet auch, dass die eigene Persönlichkeit weniger stark entwickelt ist." [53]

Seethaler auf die Frage, ob er sich beim Schreiben überlegt hatte, wie er selbst gehandelt hätte, wenn er 1938 als junger Mann in Wien gelebt hätte:

„Natürlich. Allerdings: Wer kann solche Fragen jemals beantworten? Es ist aus der Entfernung der Zeit immer leicht, zu urteilen und zu verurteilen. Niemand kann sagen, wie er in dieser oder jener Situation gehandelt hätte. Jeder von uns kann jederzeit zum Feigling oder zum Helden werden."[54]

„Meine Geschichten fangen tatsächlich oft mit dem ersten Aufeinandertreffen zweier Personen an. Von einer Begegnung würde ich noch nicht sprechen, eher von einer Erscheinung. In *Der Trafikant* sieht der 17-jährige Franz dem alten Sigmund Freud beim Zigarrenkauf zu. Diese Erscheinungen drängen sich ins Bild, ins Leben, sie lassen sich nicht abwimmeln. Aber erst wenn man sich bewusst darauf einlässt, wird es eine Begegnung."[55]

---

52 Ebd.
53 Ebd.
54 http://a3kultur.de/positionen/genug-gequatscht
55 https://www.psychologie-heute.de/leben/artikel-detailansicht/39311-freud-kennt-sich-mit-der-liebe-auch-nicht-aus.html

„Ja, Naivität hat für mich viel mit Offenheit zu tun, nicht mit Dummheit. Meine Figuren sind häufig bereit, ihre Grenzen zu erweitern, sich auf andere einzulassen, sie staunen über sich und die Welt und gehen dem nach. Nicht naiv zu sein heißt dagegen für mich, eine ‚fertige' Persönlichkeit zu sein – also starr und festgefahren. Die naive Haltung der Figuren gefällt mir auch aus einem profanen Grund gut: Ich bin kein Intellektueller. Das einfache Herz, das in mir steckt, der einfache Geist, das lege ich auch in die Figuren."[56]

---

56 Ebd.

Die Zahl der Sternchen bezeichnet das Anforderungsniveau der jeweiligen Aufgabe.

Zwei weitere Aufgaben finden Sie nach kostenfreier Registrierung unter https://www.lektueren-verstehen.de in unserem Lektürehilfen-Portal.

Aufgabe 1   *

Ordnen Sie unter Zuhilfenahme geeigneter Zitate aus dem Text die folgende Textpassage aus Seethalers *Der Trafikant* in den Kontext des Romans ein:
„Als der Zug schließlich mit nur zweistündiger Verspätung in den Wiener Westbahnhof eingefahren war und Franz aus der Bahnhofshalle ins grelle Mittagslicht hinaustrat, war seine kleine Melancholie längst wieder verflogen. Stattdessen wurde ihm ein bisschen schlecht und er musste sich am nächsten Gaslaternenmast festhalten." (S. 19)

Mögliche Lösung:

Franz Huchel wächst wohlbehütet bei seiner alleinerziehenden Mutter im ländlich geprägten Nußdorf am Attersee im Salzkammergut auf. Als der Geliebte der Mutter, der reiche Sägewerksbesitzer Alois Preininger, plötzlich stirbt, ändern sich nun auch die Lebensumstände von Mutter und Sohn. Der monatliche Scheck, mit dem Preininger Franz' Mutter unterstützt hat, bleibt nun aus. Darüber hinaus sieht die Mutter für Franz auf dem Land auch langfristig keine Perspektive. Sie entschließt sich daraufhin, ihn mit dem Zug nach Wien zu schicken, damit er dort als Trafiklehrling in der Trafik von Otto Trsnjek arbeiten kann. Trsnjek, eine frühere Affäre der Mutter, schuldet Frau Huchel noch einen im Text nicht näher erläuterten Gefallen.

Für Franz wird die Arbeit in einer Großstadt eine große Umstellung werden. Dies ahnt er schon, als er sich im Zug in seinen Sitz fallen lässt, die Augen schließt und so lange ausatmet, „bis ihm ein bisschen schwindelig wurde" (S. 17). „Erst zweimal in seinem Leben hatte er das Salzkammergut verlassen."(S. 17)

Als er schließlich in Wien eintrifft, ist er überwältigt: Die Stadt brodelt „wie der Gemüsetopf auf Mutters Herd" (S. 20). Es ist ein „unfassbares Durcheinander von Tönen, Klängen und Rhythmen, die sich ablösten, ineinanderflossen, sich gegenseitig übertönten, überschrien, überbrüllten. [...] Ja, dachte Franz benommen, das hier ist etwas anderes. Etwas völlig und ganz anderes." (S. 20) Der Gegensatz zu seiner ländlichen Idylle am Attersee könnte für den 17-Jährigen wahrscheinlich nicht größer sein.

Ein Gaslaternenmast gibt Franz schließlich erst einmal Halt und er klammert sich fest an die Laterne. Erst als ihn eine kleine Dame, die zufällig seinen Weg kreuzt, auf seinen Gesundheitszustand anspricht, geht es Franz langsam besser und am Ende des kurzen Gesprächs antwortet er ihr schließlich entschlossen: „Es gibt kein Zurück, und außerdem gewöhnt man sich an alles." (S. 21) Dann dreht er sich um und macht sich schließlich auf den Weg zu Otto Trsnjeks Trafik.

Diese Lebenseinstellung legt Franz auch in dem restlichen Roman an den Tag. Wirkt er auch in manchen Szenen sehr naiv, eben wie ein Bauernbub vom Land, lässt er sich dennoch vom Wiener Leben nicht unterkriegen.

Er folgt Sigmund Freud hartnäckig auf dem Nachhauseweg von der Trafik in die Berggasse und sitzt geduldig stundenlang vor dem Haus, bis Freud mit ihm spricht und sich langsam aber sicher eine Freundschaft zwischen beiden entwickelt. Franz holt sich Rat bei Freud und findet Halt bei ihm.

Als er seine erste große Liebe Anezka trifft, spricht er sie mutig direkt an und lernt sie kennen. Zwar erwidert die Böhmin seine Liebe nicht, dennoch nimmt Franz immer wieder Mühen auf sich, um sich ihr zu nähern und sie vielleicht doch noch für sich zu gewinnen. Unter Einsatz seines Lebens will er sie sogar irrtümlicherweise vor dem SS-Mann in ihrer Garderobe retten, um dann zu erkennen, dass Anezka von ihm keine Hilfe mehr benötigt.

Trotz der Distanz findet Franz auch in den Briefen seiner Mutter Halt und Rückhalt. Sie steht ihm aus der Ferne mit ihrem Rat zur Verfügung.

Als Franz von Anezka enttäuscht wird, erwägt er daher sofort die Rückkehr zur Mutter ins Salzkammergut, um sich dann doch seiner Verantwortung zu besinnen. Das innige Band zwischen Mutter und Sohn hält auch in der Ferne und gibt Franz die nötige Stärke, die er schließlich auch gegen die Leute der Gestapo an den Tag legt.

Am Ende des Romans benötigt Franz – Otto Trsnjek ist tot, Anezka für ihn verloren und Freud emigriert – keine Hilfe mehr von außen. Selbstbewusst klebt er jeden Tag seinen Traumzettel an die Trafik und keinesfalls naiv hisst er in der Nacht Otto Trsnjeks einbeinige Hose vor dem Gestapohauptquartier, um ein Zeichen gegen die Nationalsozialisten zu setzen. Der erste Teil seiner am Anfang getätigten Aussage „Es gibt kein Zurück" hat sich für ihn bewahrheitet, den zweiten Teil „und außerdem gewöhnt man sich an alles" (S. 21) hat Franz durch seine Tat zurückgenommen.

Aufgabe 2   ★★

Erläutern Sie das Wesen Anezkas anhand der folgenden Passage „Ich geheer zu keinem. Nicht einmal zu mir selber!" (S. 113) und führen Sie Beispiele aus dem Roman an.

Mögliche Lösung:

Anezka ist 20 Jahre alt und stammt aus dem Dorf Dobrovice im Landkreis Mladá Bodeslav (Böhmen). Sie lebt in Wien, hat keine Arbeitserlaubnis und verdient sich ihr Geld unter anderem durch Auftritte als Varietétänzerin im Nachtlokal „Zur Grotte".

Franz Huchel hat sich im Wiener Prater Hals über Kopf in sie verliebt. Sie hat „ein rundes Mädchengesicht, hell und lachend und umrahmt von einem Strahlenkranz strohblonder Haare. Es war das schönste Gesicht, das Franz [...] je in seinem Leben gesehen hatte" (S. 50 f.). Doch seine Liebe zu ihr steht unter keinem guten Stern, denn für Anezka ist er nur eine Affäre von vielen. Sie ist in ihrem Leben auf sich alleine gestellt, nur auf ihren eigenen Vorteil bedacht und nutzt Franz für ihre Zwecke aus. Er gibt im Wiener Prater Geld für sie aus und hat am Ende des Abends „noch zweieinhalb Schilling [...]. Das sind entweder vier Krügel Bier, ein paar Runden auf dem Schießstand oder eine Doppelrunde im Riesenrad!" (S. 58). Sie lässt ihn daraufhin, für Franz unerwartet, sitzen.

Erst nach eigenen Recherchen kann er sie an Neujahr in einem gelben Haus in der Rotensterngasse ausfindig machen. Sie ist jedoch nur bereit mit ihm zu gehen, wenn er ihr „ein Essen und ein Glaserl Wein" bezahlt (S. 89). Sie essen schließlich gemeinsam in einem kleinen Wirtshaus und Franz bestellt „zwei Portionen Gulasch und eine Flasche vom ausländischen Wein" (S. 91). Danach bestellt er „eine zweite Portion und dann eine dritte". Zum Schluss gibt es noch „Palatschinken mit Schokoladenfüllung und einer dicken Schicht Staubzucker sowie eine zweite Flasche Wein". Nachdem ihr großer Hunger und Durst gestillt sind, fordert sie ihn mit den Worten „Und jetzt will ich dich, Burschi!" (S. 91) unverblümt zum Sex auf. Für Franz ist dieses Erlebnis unvergesslich schön und es gibt kein Zurück mehr für ihn. Er will „weitermachen, weiterüben, weiterlernen" (S. 94). Aber auch nach diesem Erlebnis in der geschlossenen Trafik verschwindet Anezka. Erst ein paar qualvolle Wochen später klopft sie in der Nacht an die Trafik. Sie hat nur einen kurzen Mantel an und friert. Bereitwillig lässt Franz sie bei sich übernachten. Aber als er aufwacht, ist sie schon wieder gegangen.

Erst als er ihr später von der Rotensterngasse heimlich folgt, findet er heraus, dass sie vor anderen Männern nackt als Varietétänzerin im Nachtlokal „Zur Grotte" auftritt. Franz ist geschockt, zeigt sie doch ihre Brüste in aller Öffentlichkeit: „Ein Allgemeingut. Eine Sehenswürdigkeit. Das Schlimmste aber war, dass sie es zu genießen schien." (S. 109) Wenig später zieht sich sich weiter aus, aber das erträgt Franz nicht mehr, er verlässt das Lokal. Draußen konfrontiert Franz Anezka mit seiner Entdeckung und seiner Eifersucht und behandelt sie schäbig: „Ich geb dir fünf Schilling, wenn du mir noch einmal deinen Hintern zeigst!" (S. 113) Aber auch ein solches Verhalten scheint Anezka von Männern gewohnt zu sein, denn sie reagiert mit Gleichmut.

Als Franz später Angst um sie hat und fürchtet, dass sie ebenfalls von der Gestapo verhaftet werden könnte, sucht er sie in der Garderobe des Nachtlokals auf, um sie zu warnen. Dort muss er dann erkennen, dass Anezka, die keine eigene politische Meinung zu haben scheint, sich zu ihrem eigenen

Vorteil mit einem SS-Mann eingelassen hat: „Dann trat sie an ihn heran, umfasste mit beiden Armen seinen Oberkörper, schmiegte sich an ihn und legte ihre Wange an seine Schulter, genau an die Stelle, wo zwei dicke Kordeln von den Schulterklappen herunterbaumelten." (S. 208)

Aufgabe 3 **

„‚Außerdem hat er [Sigmund Freud] ein nicht unwesentliches Problem.' ‚Was denn für eines?' ‚Er ist ein Jud.' ‚Aha', sagte Franz. ‚Und was soll das für ein Problem sein?' ‚Das wird sich noch herausstellen', erwiderte Otto Trsnjek. ‚Und zwar bald!'" (S. 39 f.)
Beurteilen Sie die Aussage von Otto Trsnjek im zitierten Gespräch mit Franz Huchel vor dem Hintergrund der im Roman dargestellten Lebensumstände von Juden allgemein und Professor Sigmund Freud im Besonderen und stellen Sie diese kurz dar.

Mögliche Lösung:

Franz Huchel sind aus seinem Heimatort Nußdorf keine Juden bekannt, erst in Wien lernt er in der Trafik welche kennen. Die jüdischen Kunden der Trafik bewegen sich im Herbst 1937 noch weitgehend unbehindert in der Öffentlichkeit (vgl. S. 40). Allerdings verschärft sich die politische Lage zunehmend: Der österreichische Bundeskanzler Schuschnigg musste bereits 1936 das „Juliabkommen" mit Adolf Hitler unterzeichnen, verbotene deutsche nationalsozialistische Zeitungen wurden in Österreich wieder zugelassen und die inhaftierten Juliputschisten amnestiert, die sich nach ihrer Freilassung reorganisierten. In der Folgezeit gewannen die Nationalsozialisten stark an Einfluss. Schließlich kommt es zu einem ersten Anschlag auf die Trafik von Otto Trsnjek: An der Auslagenscheibe der Trafik steht mit Blut der Spruch „Schleich dich, Judenfreund!"(S. 61).

Im März kriechen die Nationalsozialisten „aus ihren Löchern und liefen lärmend durch die Straßen: ‚Heil Hitler!', schrien sie, ‚Ein Volk! Ein Reich! Ein Führer!'" (S. 121) Auch Anna, Sigmund Freuds Tochter, bekommt jetzt langsam Angst um ihren Vater. Als dieser sich mit Franz Huchel vor seinem Haus treffen möchte, macht sie sich große Sorgen um ihn: „,Aber du solltest sowieso nicht mehr außer Haus gehen!' ‚Wieso denn nicht?' ‚Das weißt du ganz genau!' (S. 124) Doch noch lässt sich der Professor nicht so leicht einschüchtern: „Natürlich wusste er es. Er war alt. Er war krank. Er war Jude. Und in den Straßen trieb sich viel zu viel Gesindel herum. Doch vor Geschehnissen zu kapitulieren, die noch nicht einmal richtig begonnen hatten, kam nicht in Frage." (S. 124) Gegenüber Franz äußert er sich im Volksgarten jedoch deutlich besorgter: „Das derzeitige Weltgeschehen ist nichts weiter als ein Tumor, ein Geschwür, eine schwärende, stinkende Pestbeule, die bald platzen und ihren ekeligen Inhalt über die gesamte westliche Zivilisation entleeren wird. Das ist zugegebenermaßen etwas drastisch und bildhaft formuliert, nichtsdestotrotz aber die Wahrheit, Mein junger Freund!" (S. 138) Schon am nächsten Abend, nach Schuschniggs Rücktritt am 11. März 1938, skandieren die Nationalsozialisten auf der Straße öffentlich „Juda verrecke!" (S. 143).

Nach dem Einmarsch deutscher Truppen am 12. März 1938 ereignet sich in der Nacht auf den 13. März ein erneuter Anschlag auf die Trafik von Otto Trsnjek, wieder mit antisemitischem Hintergrund: „Hier kauft der Jud!" (S. 152) Trsnjek wird diesmal sogar von der Gestapo verhört: „So einen Schund verkaufst du den Juden?" (S. 155) und schließlich unter dem Vorwand, pornografische Schriften zu besitzen und zu verbreiten, verhaftet.

Die Lage für die Juden in der Stadt spitzt sich nun dramatisch zu, sie verschwinden aus der Öffentlichkeit: „Die jüdischen Kunden waren fast allesamt verschwunden." (S. 164) Am 17. Mai 1938 müssen sich im Keller der Gestapo-Dienststelle „fünfzehn jüdische Geschäftsleute nackt ausziehen und mit den Händen über dem Kopf auf die Abholung zum Einzelverhör warten. [...] Am Gleis II des Wiener Westbahnhofs saßen vierhundertzweiundfünfzig politische Gefangene zusammengedrängt [...] und warteten auf die Abfahrt nach Dachau" (S. 186). Die Briefe an Sigmund Freud werden vor dem Zustellen von Nationalsozialisten abgefangen und kontrolliert: Sie „hielten die Umschläge gegen das Licht, entzifferten die Absender und versuchten mit ihren zigarettengelben Fingern den Inhalt zu ertasten. Und immer behielten sie einen oder mehrere davon bei sich" (S. 188).

Im Juni 1938 wird die Post dann schon generalstabsmäßig untersucht, geöffnet und bei Verdacht der „Postobrigkeit zur eingehenderen Begutachtung" (S. 210) zugeführt. „Und wirklich musste man ja mittlerweile schon fast jeden zweiten Brief im aufgeschlitzten Kuvert zustellen [...]." (S. 210) Briefträger Pfründner denkt im Roman über die fragwürdige Behandlung der Juden in dieser Zeit nach: „Zum Beispiel diese Geschichten mit den Juden, die man in letzter Zeit immer öfter hörte: ob es nicht eigentlich doch ein bisschen eine Sauerei war, die Juden aus ihren Wohnungen, Geschäften und Ämtern, insbesondere auch aus allen Postämtern zu schmeißen und sie obendrein noch auf den Knien die Gehsteige auf und ab rutschen zu lassen?" (S. 210)

Von Pfründner erfährt Franz Huchel schließlich auch, dass nun auch Sigmund Freud mitsamt seiner Familie entschlossen ist, Wien und Österreich zu verlassen: „Und als Jud auf der einen Seite und als Professor auf der anderen wird er sich halt gedacht haben: Bevor es endgültig ungemütlich wird, geh ich lieber!" (S. 212) Als Franz Freud zum Abschied ein letztes Mal besucht, um sich von ihm zu verabschieden, wird er von den Gestapo aufgehalten und abgewehrt. Der jüdische Professor Freud darf keinen Besuch mehr empfangen, keine Theatervorstellung mehr besuchen und auch nicht mehr arbeiten („Mein Vater ordiniert nicht mehr"; S. 216). Der Professor selbst ist verbittert, dass er seine Heimat nun verlassen soll, wie er in Anbetracht einer Spinne zu Franz sagt: „Warum in aller Welt darf der [Weberknecht] hierbleiben, während ich, der weltberühmte Professor der Psychoanalyse, gehen muss!" (S. 224) Am Nachmittag des 4. Juni 1938 verlässt Sigmund Freud zusammen mit seiner Familie schließlich mit dem Zug Wien Richtung Paris, um dann von dort in sein Londoner Exil zu gelangen.

Otto Trsnjek hat schon im Oktober 1937 (vgl. S. 39 f.) die Problematik der jüdischen Bevölkerung in Österreich erkannt und angesprochen. Zu diesem Zeitpunkt war das Jüdischsein problematisch, im Laufe der Zeit wurde es allerdings zu einem sicheren Todesurteil, vor dem sich Sigmund Freud mit seiner Familie gerade noch retten konnte.[57]

---

57 Vier der fünf Schwestern von Sigmund Freud verblieben in Wien. Ihnen gelang trotz aller Bemühungen nicht mehr die Flucht vor den Nationalsozialisten: Sie starben in Konzentrationslagern.

Aufgabe 4 ★★

„,Er [Hubert Panstingl] entrollte ein offenbar eigenhändig hergestelltes Transparent, das mit seinen hier nicht wiederzugebenden Schmierereien auf verabscheuungswürdige Weise unser Reich, unser Volk und unsere hoffnungsfrohe Heimatstadt verunglimpfen sollte.' Otto Trsnjek packte die Zeitung, [...] beugte sich zu Franz hinunter und brüllte ihm ins Gesicht: ,Was bitteschön, soll denn an einer Heimatstadt, die ein derartig verlogenes und obendrein ungeschickt hingesudeltes Gestammel einer deutschtümeligen Dreckjournaille herausbringt, noch hoffnungsfroh sein!?" (S. 146 f.)
Zeigen Sie anhand von Zitaten aus dem Text, wie sich die Zeitungsberichterstattung kurz vor dem Einmarsch der Deutschen in Österreich verändert hat.

Mögliche Lösung:

Der Trafikant Otto Trsnjek kennt Hubert Panstingl als Kunden aus seiner Trafik. Er ist in gewissen Kreisen und auch ihm als „Roter Egon" und als „lautstark bekennender Sozialdemokrat" (S. 32) bekannt.

Als Otto Trsnjek vom plötzlichen Tod des „Roten Egon" morgens aus der Zeitung erfährt, ist er außer sich vor Wut. Der Berichterstattung nach habe Hubert Panstingl – in der Zeitung als „berüchtigte(r) Bolschewist"[58] (S. 146) betitelt – am vorherigen Abend nicht nur versucht, ein mit „Schmiereien" verziertes Transparent vom Dach seines Wohnhauses zu entrollen, sondern auch die auf das Dach eilenden mutigen Hausbewohner und Passanten, die ihm das Transparent abnehmen wollten, bedroht. Wie die Morgenausgabe der *Reichspost* weiter berichtet, konnte bis Redaktionsschluss nicht geklärt werden, ob „der feige Kommunist" (S. 147) eine Waffe dabeihatte. Dies sei „nach den Aussagen der Betroffenen allerdings mit ziemlicher Sicherheit anzunehmen" (S. 147). Der „Rote Egon" habe bei seinem Angriffsversuch das Gleichgewicht verloren und sei in die Tiefe gestürzt. Glücklicherweise sei bei seinem Aufprall auf das Trottoir niemand verletzt worden. Der Täter sei nun tot und das Transparent vernichtet (vgl. S. 148).

---

58 Bolschewist: lt. Fremdwörterduden abwertend für jemanden, der die geltende Ordnung und Kultur radikal verändern will. Pejorativ u. a. für Sozialdemokraten gebraucht.

Otto Trsnjek weiß, dass der Zeitungartikel eine Anhäufung von Lügen ist: „Der Rote Egon hat sich doch die Butter lieber mit den Fingern aufs Brot geschmiert, als ein Messer anzurühren!" (S. 147 f.) Auch den richtigen Wortlaut des Transparents, den die Zeitung verschweigt, kennt Trsnjek: – woher, bleibt ungeklärt – „Die Freiheit eines Volkes braucht die Freiheit seiner Herzen. Es lebe die Freiheit! Es lebe unser Volk! Es lebe Österreich!" (S. 148) Entgegen der Berichterstattung in den Zeitungen waren es keineswegs mutige Passanten, die auf das Dach kletterten, um sich das Transparent aushändigen zu lassen, sondern Nazis mit „Totschlägern und mit vor Mordlust verzerrten Gesichtern" (S. 145). Es gab auch keinen Angriff des „Roten Egon", der ein Sozialdemokrat und kein Kommunist oder Bolschewist war, auf sie und dieser beging schlichtweg Selbstmord aus freien Stücken.

Die größtenteils unwahre Berichterstattung in den Zeitungen über Ereignisse in Österreich zeichnete sich spätestens nach der letzten Rede des österreichischen Bundeskanzlers Schuschnigg am 11. März 1938 ab. Dieser hatte im Radio seinen Rücktritt erklärt und das Bundesheer angewiesen, bei der nun schon fast sicheren Grenzüberquerung der deutschen Truppen keine Gegenwehr zu leisten, um kein Blutbad zu provozieren. Damit war der Weg frei zum „Anschluss" Österreichs an das Deutsche Reich (vgl. Kapitel 2.2). Fast alle Zeitungen trugen, wie Franz bemerkt, in diesen Tagen „einen beeindruckend abfotografierten Adolf Hitler auf dem Titelbild" (S. 146). Die nahezu schon einheitliche Zeitungsberichterstattung, die auch noch als „neue Geistesfreiheit unseres Reiches" (S. 146) propagiert wurde, diente einzig und allein dem Zweck, das Volk durch unwahre Berichterstattung im Sinne der Nationalsozialisten und ihrer Ideologie zu beeinflussen und im gemeinsamen Kampf gegen das vermeintlich Böse zu einen. Die Zeitungen waren „fast ausschließlich mit denselben, immer wiederkehrenden Inhalten gefüllt. [...] Es war, als ob die Redaktionen sich jeden Tag zu einer einzigen, riesigen Konferenz versammelten, um zur Wahrung einer scheinbaren Objektivität wenigstens die Überschriften untereinander abzustimmen und hie und da ein paar Textunterschiedlichkeiten in die ansonsten völlig gleichlautenden Artikel einzubauen." (S. 166) Freie und kritisch denkende Medien waren im nationalsozialistischen Österreich verschwunden und die gleichgeschalteten Medien verbreiteten die Propaganda der Nationalsozialisten.

Lernskizze 1: Thematische Schwerpunkte

Der Trafikant
Franz Huchel

Berichterstattung über die NS-Zeit in den Medien
(Wahrheit/Propaganda)

Nationalsozialismus in Wien/Österreich
(Rahmenhandlung)

Adoleszenz
(Hauptmotive: Sexualität; Konflikt mit der Gesellschaft)

Persönlichkeitsentwicklung/ Identitätsfindung
(vom „naiven Burschi vom Lande" zum Verantwortung tragenden Franz Huchel)

Freundschaft mit Freud
(Gespräche über Liebe, Frauen und Träume)

Liebe
(unglückliche, flüchtige Liebesbeziehung mit einer Böhmin)

Lernskizze 2: Themenfelder Otto Trsnjek

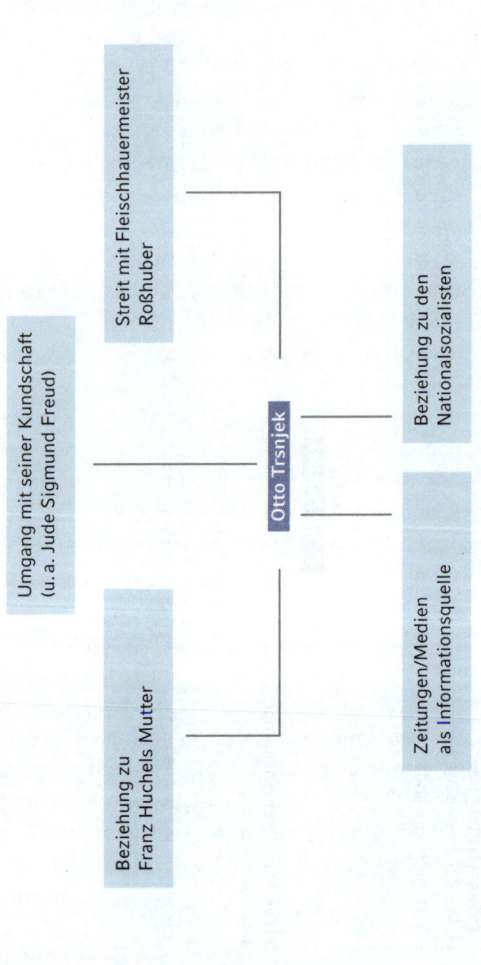

Lernskizze 3: Bedeutungstragende Nebenfiguren in *Der Trafikant*

Nebenfiguren		
Fleischhauermeister Roßhuber und seine Frau	Kellner im Schweizerhaus	Briefträger Heribert Pfründner
Portier im ehemaligen Hotel Metropol	Der „Rote Egon" (Hubert Panstingl)	Mrs. Buccleton (Freuds Patientin)
Freuds Tochter Anna	Alois Preininger, (Liebhaber von Franz' Mutter)	Der Verhärmte (Gestapo-Mann)
	Conférencier Heinzi	SS-Mann in der Grotte

Lernskizze 4: Frau Huchel, Franz' Mutter

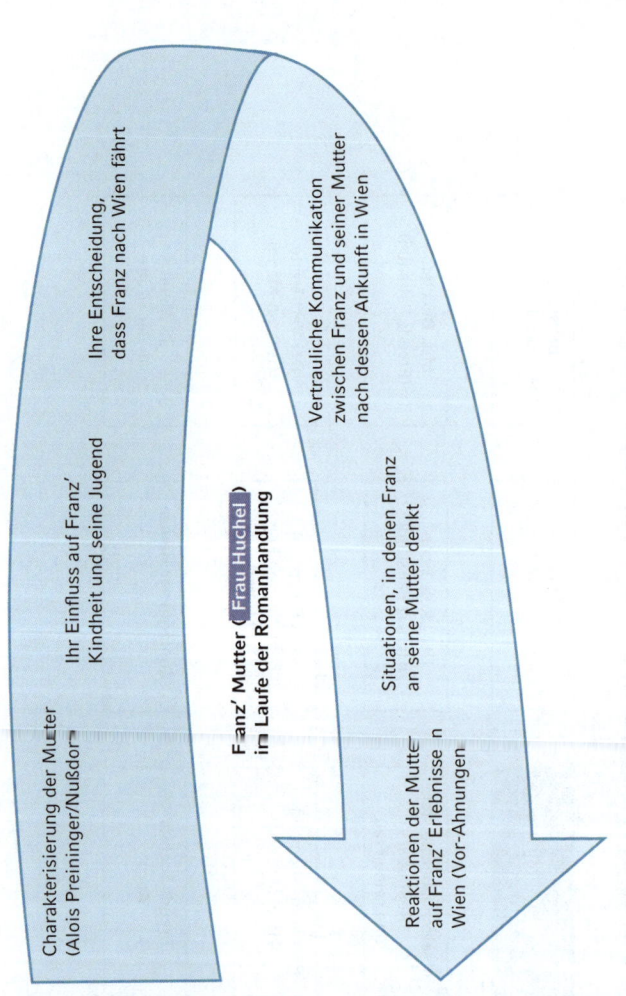

Charakterisierung der Mutter (Alois Preininger/Nußdorf)

Ihr Einfluss auf Franz' Kindheit und seine Jugend

Ihre Entscheidung, dass Franz nach Wien fährt

Vertrauliche Kommunikation zwischen Franz und seiner Mutter nach dessen Ankunft in Wien

Franz' Mutter (Frau Huchel) in Laufe der Romanhandlung

Situationen, in denen Franz an seine Mutter denkt

Reaktionen der Mutter auf Franz' Erlebnisse in Wien (Vor-Ahnungen)

ROBERT SEETHALER

Lernskizze 5: Untersuchungsansätze

Reifeprozess Franz Huchels am Beispiel des Briefwechsels mit seiner Mutter

Franz Huchel und die Liebe (Verhalten zwischen den Geschlechtern)

Untersuchungsansätze zu Seethalers *Der Trafikant*

Traumzettel und Traumdeutung (Sigmund Freud)

Der Trafikant als Adoleszenzroman

Die NS-Zeit in Österreich (Zweiter Weltkrieg, Judenfrage, Das Hotel Metropol)

Lernskizze 6: Stil und Sprache in *Der Trafikant*

direkte Rede

Erzählperspektive
in der 3. Person
(überwiegend Franz Huchel)

Vielseitigkeit der Sprache
(in Abhängigkeit von der Thematik:
humorvoll/erheiternd; ernst/nachdenklich)

**Stil und Sprache
in *Der Trafikant***

Verwendung einer
verständlichen, österreichisch
eingefärbten Sprache

Symbole und Motive

Bildhaftigkeit
der Sprache

Lernskizze 7: Bedeutungsvolle Plätze für den Protagonisten Franz Huchel und Anezka in chronologischer Reihenfolge

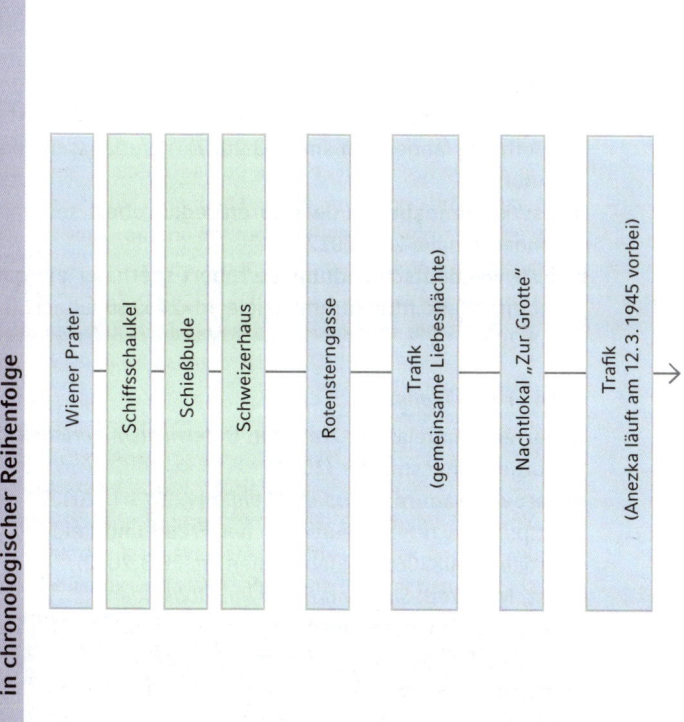

Wiener Prater

Schiffsschaukel

Schießbude

Schweizerhaus

Rotensterngasse

Trafik
(gemeinsame Liebesnächte)

Nachtlokal „Zur Grotte"

Trafik
(Anezka läuft am 12. 3. 1945 vorbei)

LITERATUR

Zitierte Ausgabe:

Seethaler, Robert: *Der Trafikant*. Roman. Ulm: Kein & Aber Pocket, 42. Auflage 2021.

Biografie und Biografisches:

https://www.hanser-literaturverlage.de/themen/robert-seethaler (abgerufen am 23.3.2022) → Verlagsseite des Autors

https://keinundaber.ch/de/autoren-regal/robert-seethaler (abgerufen am 23.3.2022)

http://www.deutschlandfunk.de/robert-seethaler-ein-ganzes-leben.700.de.html?dram:article_id=296260 (abgerufen am 2.8.2022)

Über *Der Trafikant*:

Beyerlein, Angela: *Der Trafikant. Unterrichtsmaterialien.* Salzburger Landestheater (2014).

Lazarovic, Samira: *Freud und Leid.* ntv, 27. 01. 2013. http://www.n-tv.de/leute/buecher/Freud-und-Leid-article10008306.html (abgerufen am 23.3.2022)

Papst, Manfred: *Sigmund Freud im Tabakladen.* http://static.nzz.ch/files/5/8/9/BamS_Januar_2013_1.17973589.pdf (abgerufen am 23.3.2022)

Platthaus, Andreas: *Freuds Freund.* FAZ, 02.11.2012. http://www.faz.net/aktuell/feuilleton/buecher/rezensionen/belletristik/robert-seethaler-der-trafikant-freuds-freund-11947460.html (abgerufen: 23.3.2022)

Scorbil, Clementine: *Robert Seethaler: Der alte Freud und der junge Franz.* DiePresse.com, 20.10.2012. http://diepresse.com/home/kultur/literatur/1303633/Robert-

Seethaler_Der-alte-Freud-und-der-junge-Franz (abgerufen
am 23.3.2022)

Sosna, Anette: *Adoleszenz und Zeitgeschichte in Robert Seethalers Roman ,Der Trafikant'.* Literatur im Unterricht, 15.
Jahrgang, Heft 1. Trier: Wissenschaftlicher Verlag, 2014.

https://www.facebook.com/augsburgliesteinbuch (abgerufen
am 23.3.2022) → Allgemeine Informationen zur Aktion
„Augsburg liest ein Buch" (2014), bei der Seethalers *Trafikant*
gelesen wurde.

**https://buecherrezension.wordpress.com/2013/12/19/
rezension-robert-seethaler-der-trafikant-kein-aber-2012/**
(abgerufen am 23.3.2022)

https://www.a3kultur.de/positionen/genug-gequatscht (abgerufen am 23.3.2022) → Interview mit Seethaler anlässlich der
Aktion „Augsburg liest ein Buch"

**https://lesekreis.org/2013/02/10/elke-heidenreich-uber-der-
trafikant-von-robert-seethaler-im-literaturclub-video/**
(abgerufen am 23.3.2022) → Diskussion zwischen Stefan
Zweifel, Elke Heidenreich, Hildegard E. Keller und Rüdiger
Safranski im „Literaturclub" im Schweizer Fernsehen über
Seethalers *Der Trafikant* am 29. Januar 2013.

**https://literatourismus.net/2013/01/robert-seethaler-der-
trafikant/** (abgerufen am 22.3.2022)

http://www.literaturhaus.at/index.php?id=9868 (abgerufen am
23.3.2022)

http://www.spiegel.de/spiegel/print/d-90638330.html
(abgerufen 23.3.2022)

https://www.dieterwunderlich.de/Seethaler-trafikant.htm
(abgerufen 23.3.2022)

Sigmund Freud und Träume:

http://www.freud-museum.at/de/ → Offizielle Seite des Sig-
mund-Freud-Museums in der Berggasse 19 in Wien (abgerufen am 23.3.2022).

Freud, Sigmund: *Die Traumdeutung*. Kapitel 6. Frankfurt am Main: S. Fischer Verlag, 1972. https://www.gutenberg.org/files/40739/40739-h/40739-h.htm (abgerufen am 23.3.2022)

Geo Kompakt: *Schlaf und Traum.* Nr. 48. Hamburg: Verlag Gruner und Jahr, 2016.

Nationalsozialismus in Österreich:

Dokumentation von Jörg Müllner zum „Anschluss" Österreichs (2008) https://www.youtube.com/watch?v=HP6LWfgguWw (abgerufen am 23.8.2022)

Theaterstück *Der Trafikant*:

Der Trafikant. Premiere am 30.01.2016 am Salzburger Landestheater. **Dramatisierung**: Volkmar Kamm.

Der Trafikant. Premiere am 20.10.2016 an der Württembergischen Landesbühne Esslingen. **Dramatisierung**: Robert Seethaler. http://www.wlb-esslingen.de/downloads/Presse/Der-Trafikant/Stueckinfo-(Der-Trafikant).pdf (abgerufen am 23.8.2022)

Verfilmung:

Der Trafikant. Österreich/Deutschland 2018. Regie: Nikolaus Leytner; Drehbuch: Klaus Richter, Nikolaus Leytner. Simon Morzé als Franz Huchel, Bruno Ganz als Sigmund Freud, Emma Drogunova als Anezka und Johannes Krisch als Otto Trsnjek.